영어, 이제는 잘할 때도 됐다

영어, 이제는 잘할 때도 됐다

지은이 오성호
펴낸이 임상진
펴낸곳 (주)넥서스

초판 1쇄 발행 2018년 1월 5일
초판 2쇄 발행 2018년 1월 10일

출판신고 1992년 4월 3일 제311-2002-2호
주소 10880 경기도 파주시 지목로 5
전화 (02)330-5500 팩스 (02)330-5555
ISBN 979-11-6165-197-2 03320

이 도서의 국립중앙도서관 출판예정도서목록(CIP)은
서지정보유통지원시스템 홈페이지(http://seoji.nl.go.kr)와
국가자료공동목록시스템(http://www.nl.go.kr/kolisnet)에서
이용하실 수 있습니다.
(CIP제어번호 : CIP2017033540)

www.nexusbook.com

왜 아직 영어로 말 한마디 제대로 못할까?

영어, 이제는 잘할 때도 됐다!

오성호 지음

Somebody Help me!

넥서스

사랑하는 내 아내
그리고 내 딸 아윤이
두 사람에게 이 책을 바칩니다

Part **1**

언어 영어 vs. 지식 영어

Part **2**

진짜 실력이란?

Part 3

학교 영어 수업의 현실

Part 4

'영어 = 경쟁력'이라는 착각

나는

1 나는 한국외대 통번역대학원 한영과를 다녔다. 참 힘
든 학교였다. 들어갈 때는 운이 좋아 들어갔지만 졸업
까지 운의 도움을 기대할 수는 없는 곳.

들어가기 전만 해도 영어 좀 한다는 자만심을 갖고 살았다. 그 자만
심은 입학 후 얼마 지나지 않아 무참히 깨져 버렸다. 주변에는 온통 나
보다 영어 잘하는 사람들밖에 없었다. 이들과 경쟁한다는 생각으로
는 졸업 때까지 2년을 버텨 낼 자신이 없었다. 영어가 하루아침에 실
력이 느는 것도 아니고, 내 실력이 느는 동안 그들의 실력도 늘기 때문
이다.

고민 끝에 내린 결론은 '경쟁'이 아닌 '배움'이었다. 겉으로 보기에
는 동기였지만, 실력으로 따지면 선생이 될 수 있는 자격이 충분했던
그들. 배우겠다고 생각하니 하루하루 학교 가는 것이 즐거웠다. 그들
과 함께했던 2년은 살면서 가장 즐겁고 유익했던 순간 중 하나였다.

한국어와 영어 모두 원어민 수준이었던 내 친구 선생들. 질문할 때
마다 웃으며 답을 가르쳐 준 친구들 덕분에 영어에 대해 갖고 있던 수
많은 고정 관념을 바꿀 수 있었다. 생각을 바꾸니 실력이 늘었고 무사
히 졸업까지 할 수 있었다. (물론 그 과정이 결코 쉽지는 않았다.)

당시 내게 깨달음을 주었던 말이 하나 있다.

"와~ 그 단어에 그런 뜻이 있었어요?"

나보다 영어를 훨씬 잘하는 한 친구가 내게 한 말이었다. 그런 뜻이 있는지 몰랐다는 말을 거침없이 할 수 있고, 자신보다 실력이 부족한 사람에게 모른다는 말을 할 수 있는 여유.

그때까지 내가 해 온 영어는 모르는 걸 모른다고 쉽게 말하지 못하는 영어였다. 내가 해 온 영어는 '언어'가 아닌 '지식'이었기 때문이다. 모른다는 것은 내 머리가 나쁘고, 내가 공부를 게을리했고, 시험 점수가 낮을 수도 있다는 것을 의미했다. 내가 모르는 것을 다른 사람이 안다는 것은 자존심이 상할 수 있는 문제였다.

모른다는 말을 하지 않고 아는 척해야 하는 영어. 아는 척하고 넘어가기에 제대로 아는 것이 없는 영어. 제대로 아는 것이 없기에 대충 짐작에 의존하는 영어. 짐작에 의존하기에 정작 필요할 때 말 한 마디 제대로 못하는 영어.

황당한 사실은, 시험 점수만 잘 나오면 이 모든 것이 아무 상관없다는 것이다. 시험 점수만 높으면 주변에서 영어 잘한다고 말해 주고 자신도 잘한다고 착각하는 영어. 그것이 내가 해 온 영어였다. 아니, 나만 그런 게 아니라 이 땅에서 영어 교육을 받고 자란 사람 대부분이 해 온 영어이다. 이런 영어는 시험용에 지나지 않는다. 시험을 벗어나 실전으로 넘어오면 무용지물이다. 아는 것은 많은데 실제로는 말 한 마디 제대로 못하는 영어. 이것이 우리가 배워 온 영어의 민낯이다.

영어는 의사소통을 위한 하나의 언어이다. 지극히 당연한 이 사실을 나는 대학원 생활을 하면서 비로소 인정하게 됐다. 영어는 시험을 위한 지식이라는 고정 관념도 버릴 수 있었다. 대학원 생활이 내게 가르쳐 준 것을 이 책을 통해 여러분께 알려 드리려고 한다.

2 나는 영어 강사이다. 점수가 목적이 아니라 진정한 영어 실력 향상을 원하는 분들과 함께 20여 년 동안 수업을 하고 있다. 시험의 굴레에서 벗어나 영어 그 자체를 가지고 수업할 수 있는 특권을 누리고 있다. 우리나라에서 이런 수업을 할 수 있는 강사는 몇 명 되지 않는다. 내게 이런 특권을 주신 수강생분들께 항상 감사한다.

수업에는 중학생부터 칠순 어르신까지 오신다. 토익 500점 수준에서 토익 만점자까지 참여한다. 통번역대학원 입시생에서 전현직 통역사까지 다양하다. 현직 교사나 강사가 자신의 학생과 같이 오기도 한다. 부부, 연인, 형제자매가 함께 앉아 수업을 듣는다. 아이가 엄마나 아빠와 같이 오는 경우도 많다. 다루는 내용의 난이도는 기초 문법에서 신문 사설까지 다양하다. 주로 시사적인 내용을 다루지만, 어떨 때는 미드를 보다가 영화나 스포츠 중계를 접하기도 한다. 다른 이의 글을 읽기도 하고 자신의 실력으로 글을 써 보는 연습도 한다. 이렇게 다양한 분들과 다양한 방식으로 영어라는 언어에 관한 수업을 한다.

수업에 오시는 분들은 시험을 잘 보려고 하는 수업이 아니기에 다른 사람들을 전혀 의식하지 않는다. 누가 자신보다 더 잘하는지 못하는지는 관심 밖이다. 자신이 좋아하는 영어를 오로지 자신을 위해 공부하고, 영어가 주는 순수한 즐거움을 찾아오시는 분들이기 때문이다.

우리들은 수업 내용 외에도 영어 학습에 관해 다양한 얘기를 나눈다. 영어 때문에 생기는 스트레스의 내용은 모든 사람들이 거의 같다. 같은 영어 교육을 받고 같은 환경에서 같은 목표로 영어를 공부해 왔으니 스트레스 내용도 거의 같을 수밖에 없다. 여러 사람들의 다양한 고충을 듣고 최선의 해결책을 제시하기 위해 노력한다. 나를 믿고 마음속 깊은 얘기를 터놓고 나눠 준 분들께 항상 감사한다.

진짜 영어를 배우고 싶은 각계 각층의 분들과 다양한 내용을 가지고 영어 실력 향상만을 위한 수업을 할 수 있는 나는 이 세상에서 가장 행복한 영어 강사이다.

이 책은 대학원 시절 2년간의 교훈 그리고 지난 20여 년간의 수업과 학습 상담 경험을 정리한 것이다.

이 책은

 이 책에서 풀어갈 이야기들을 제시하며 책을 시작해 보겠다.

"영어, 한다고 하는데 왜 실력은 늘 제자리일까?"

전 국민의 풀리지 않는 고민이다. 그렇게 많은 시간을 투자했는데 영어는 평생 부담스러운 존재이다. 어렸을 때부터 시작해 어른이 된 후에도 늘 같은 고민. 이유와 해법에 대해 너도나도 한마디씩 한다. 덕분에 학습법 책은 시중에 넘쳐난다. 나 역시 10년 전에 학습법 책을 낸 바 있다. 그리고 지금 이렇게 또 한 권을 쓰고 있다.

이번 책에서는 10년 전과는 완전히 다른 각도에서 영어 학습 얘기를 써 보려고 한다.

영어 때문에 힘든 근본 원인은 중고등학교 영어 교육이다. 개인의 노력 부족이 아니라 전반적인 교육 시스템을 탓하면 왠지 책임 회피의 느낌이 들지만, 그래도 어쩔 수 없다. 영어 스트레스를 유발하는 주범이 영어 교육이기 때문이다. 교육을 바꾸지 않으면 앞으로 20년, 30년 후에도 영어 스트레스는 없어지지 않을 것이다.

사실 영어 교육의 문제는 어제오늘 일이 아니다. 단지, 문제에 관한 언급과 비판을 제대로 하지 않았을 뿐이다. 우리 교육에 문제가 있다는 건 전 국민 누구나 다 느끼고 있다.

영어 교육은 좋아질 기미가 전혀 보이지 않는다. 오히려 과거보다 더 뒤로 가고 있는 느낌이다. 물론 시험 문제를 풀기 위해 영어 공부를 하는 것은 예나 지금이나 변함없다. 그러나 과거에는 최소한 문제 지문을 읽고 이해하려는 노력을 선생도 했고 학생도 했다. 그러나 요즘은 기본적인 이해마저 하지 않고, 문제의 답만 골라내면 된다는 식으로 변질됐다. 가면 갈수록 꾀만 늘어서 올바른 길에서 점점 멀어지고 있다.

학교를 졸업한 성인 독자라면 자신은 이제 학교 영어 교육과는 상관없다고 생각할 수 있다. 하지만 상관있다. 영어 교육이 어떤 짓을 했는지, 즉 자신의 영어가 교육과정을 통해 어떻게 망가졌는지 분명히 알아야 한다. 그걸 모르면 잘못된 학습 방식을 되풀이하게 된다. 그러고는 "영어, 한다고 하는데 왜 실력은 늘 제자리일까?" 이 질문만 계속 던지게 된다. 영어를 제대로 하려면 과거 방식의 잘못된 점을 제대로 알고 다른 방식을 취해야 한다.

10년 전에 썼던 책에서는 구체적인 학습법을 얘기했었다. 단어, 문법, 읽기, 듣기, 말하기, 쓰기에 관한 내 나름의 바른 학습법이었다. 그 책을 읽고 어느 분이 이런 의견을 남기셨다.

"마음으로는 100퍼센트 공감하지만 행동이 따라가지 않는다"

학교 영어 교육이 우리에게 준 가르침은 "올바르게 사는 건 바보들이나 하는 짓이야"일지도 모르겠다.

우리에게 필요한 것은 며칠 만에 몇 개의 단어를 외우게 해 주고, 몇 주 만에 점수 몇 점을 올려 주고, 몇 달 만에 영화나 드라마가 들리게 귀를 뚫어 주는 학습법이 아니다. 그런 것들은 이미 여러 번 해 봤기 때문에 해 봐야 단기적인 만족감밖에 주지 못한다는 것도 우리는 다 알고 있다. 그럼 뭘 어떻게 해야 할까?

잔뜩 짐을 짊어진 채 주인이 채찍질하면 앞으로 가고 고삐를 잡아당기면 멈춰서는 말. 고개를 푹 숙인 채 땅만 보고 터벅터벅 걸어간다. 자신이 어떤 길로 왔는지, 어떤 길로 가고 있는지 모른다. 영어 때문에 힘든 우리의 모습이 이렇지 않을까? 이제는 고개를 들자. 지금까지 온 길을 돌아보자. 뒤를 돌아봤으면 앞으로 가야 할 길도 내다보자. 이제는 어떤 길이 최선인지 알고 가자.

영어 스트레스는 결코 개인의 책임이 아니다. 영어 교육의 책임이다. 그렇다면 "영어, 한다고 하는데 왜 실력은 늘 제자리일까?"라는 질문의 답을 쉽게 구할 수 있다. 영어 교육이 가는 쪽과 반대 방향의 길로 가는 것 ─ 이것이 바로 해결책이다.

2 이제는 초등학교 때부터 의무적으로 영어를 배운다. 중고등학교에서도 영어는 주요 과목 중 하나이다. 하지만 초중고 영어 교육을 받고 졸업한 대학 새내기가 영어로 자기소개 하나 제대로 못하는 것이 엄연한 현실이다.

다른 나라의 언어를 우리처럼 전 국민이 이토록 열심히 배우는 나라가 있을까 싶다. 또, 그렇게 열심히 했는데 이 정도로 실력이 늘지 않는 나라가 있는지도 궁금하다.

누가 봐도 우리의 중고등 영어 교육은 실패작이다. 그러나 이 실패에 대해 아무도 책임지지 않는다. 오히려 교육이 문제가 아니라 학생들의 노력이 부족하기 때문이라는 황당한 주장을 하기도 한다. 일각에서는 시험을 더 강화해야 한다는 정신 나간 소리까지 한다.

아무 생각 없는 어른들 때문에 학생들은 실력 향상과는 무관한 영어 수업과 시험을 지금 이 시간에도 기계처럼 반복하고 있다. 현재 방식의 영어 교육은 시간 낭비, 돈 낭비, 노력 낭비이다.

우리 영어 교육은 학생들에게 영어에 대한 호기심을 주지 않는다. 호기심을 주기는커녕 영어를 혐오하고 영어를 기피하게 만든다.

우리 교육은 영어에 대한 지식부터 주입하고 본다. 그러고는 바로 시험으로 평가한다. 여유를 주지 않는다. 여유를 주면 학습 효과가 떨어진다고 생각하는지 항상 학생들을 다그치기만 한다. 이렇게 다그침을 당하는 학생들을 기다리고 있는 것은 시험, 점수, 평가, 경쟁 따위들이다. 이래서는 영어를 좋아하기 힘들다.

학생들은 영어를 배우는 게 아니다. 시험 점수 잘 나오는 법을 전수받고 있을 뿐이다. 우리 학생들은 영어를 잘할 수가 없다. 배우지 않은 것을 잘할 수는 없는 노릇이다.

우리 교육은 영어를 실용적인 '언어'로 생각하고 가르치지 않는다. 영어는 학생들의 서열을 매기기 위한 여러 잣대 중 하나에 불과하다. 따라서 교육 당국은 학생들의 영어 실력 향상에는 별 관심이 없다. 그들의 관심은 효율적인 평가와 서열 정리를 위한 시험 문제 출제뿐이다. 그래서 해마다 그들 입에서 나오는 말은 문제 난이도와 시험 변별력밖에 없다.

바꿔야 한다. 수능 평가 방식이나 문제 난이도 따위의 변화를 말하는 게 아니다. 영어 교육의 근본을 바꿔야 한다. 교육 목표와 수업 내용, 평가 방식을 완전히 바꿔야 한다.

3 현재의 성인들 역시 방금 언급한 영어 교육을 받고 자랐다. 성인들의 모습은 어떨까?

초중고 10년 동안 학교에서 주요 과목으로 영어를 배웠다. 끊임없이 이어지는 영어 시험들을 보기 위해 공부를 열심히 했다. 대학에서는 전공 공부를 위해 영어 원서도 펼쳐 봤다. 어학연수다 여행이다 해서 해외에도 여러 번 나갔다 왔다. 취업하려고 학원에 다니면서 이런저런 수업도 들어 봤다. 이 정도로 영어를 접했으면 어느 정도는 해야 정상이다.

취업 후에도 영어 고민은 계속된다. 어느 날 인터넷을 보니 이른바 기초 강좌 사이트들의 광고가 보인다. 샘플 강의를 들어 보니 중학교 때 배운 것들인데 잘 모르겠고, 행사 기간이라는 문구를 보고 서둘러 강의 등록을 한다. 들어 보니 현재 자신의 실력에 맞는 강의 같다. 중학교 졸업한 지 한참 지났는데 중학교 수준의 영어를 다시 공부한다. 그동안 영어에 쏟아부은 시간과 돈을 생각하면 억울해야 한다. 뭔가 크게 잘못되어 있다는 생각이 들어야 한다. 그러나 우리는 영어에 관한 한 모두들 천사 같다. 학교 다닐 때 영어 공부를 소홀히 해서 그런 거라고, 졸업하고 영어에 손을 놓고 지냈기 때문이라고 생각한다. 과거는 다 잊고 앞으로 잘하면 된다고 말하기까지 한다. 다른 문제에 있어서는 따질 거 잘 따지다가 영어 애기만 나오면 모든 걸 자기 잘못으로 받아들이는 우리들.

이제는 좀 따져 보자. 이미 졸업했다고 그냥 넘어가지 말고 지금이라도 관심을 갖자. 우리 부모들이 그냥 넘어갔기 때문에 우리 세대는 그 엄청난 시간과 돈을 영어에 허비해야 했다. 우리 세대가 관심이 없기에 우리 자식들이 지금도 엄청난 시간과 돈을 영어에 허비하고 있다.

영어 교육의 실패는 개인의 문제가 아니다. 전 국민에게 의무적으로 교육을 시키고 있는 이상 영어 교육은 국가적인 차원에서 생각해 봐야 할 문제이다. 그러나 국가는 절대평가, 상대평가, 난이도, 변별력 같은 평가 방식에만 관심이 있을 뿐 정작 영어 실력에는 관심이 없다. 아무도 문제 제기를 하지 않기 때문이다.

영어에 들인 시간과 돈과 노력이 도대체 어디로 사라졌는지 알아야 한다. 그래야 다음 세대는 같은 실수를 되풀이하지 않을 것이다. 영어에 허비하는 시간, 돈, 노력은 영어보다 훨씬 더 유익하고 생산적인 곳으로 가야 한다. 영어에 시간, 돈, 노력을 쓸 작정이라면 제대로 써서 실력이 확실히 늘게 해야 한다.

영어 스트레스는 단순히 개인만의 문제가 아니다. 영어 스트레스가 줄면 우리나라, 우리 가족 그리고 우리 자신 모두 지금보다 더 행복해질 수 있다.

4 모든 이의 모국어는 원래 외국어였다. 엄마 뱃속과는 다른 세상으로 나와 처음 접한 생소한 외국어. 그 생소한 언어를 익히려고 아기들은 참 열심히 노력한다. 그러나 결코 서두르지 않는다. 매일 조금씩 꾸준히 익혀 갈 뿐이다. 하나의 언어를 자기 것으로 만드는 과정은 원래 그렇다. 조금씩 그리고 꾸준히.

아기가 커서 열 살이 되었을 때, 그 열 살 아이의 언어 실력은 어른이 보기에 꽤 부족하다. 10년 동안 매일 익힌 실력인데 아직 갈 길이 멀다. 말솜씨는 조리 없고 글솜씨는 논리 부족이다. 신문이나 뉴스를 이해한다는 건 생각할 수도 없다. 10년 동안 뭘 했길래 실력이 이것밖에 안 되는 걸까? 무려 10년을 했는데 말이다.

초중고 10년 동안 영어를 배운 우리 대학 새내기들은, 실제 나이는 스물일지 몰라도 영어 나이는 열 살밖에 안 된다. 같은 열 살이라도 우리나라 스무 살 대학 새내기의 영어 실력은 미국 열 살 아이에 비해 한참 뒤진다. 그럴 수밖에 없다. 모국어로 '익힌' 10년과 외국어로 '접한' 10년은 상대가 안 되기 때문이다.

영어 나이 열 살의 대학 새내기들이 수능 문제에 나오는 그 어려운 지문을 제대로 이해할 수 있을까? 단언컨대 이해할 수 없다. 전공 수업을 영어 원서로 공부할 수 있는 실력은? 말도 안 된다. 영어로 진행되는 강의를 듣고 영어로 발표하고 영어로 과제를 제출하는 것이 가능할까? 꿈도 꾸지 말자. 우리 대학생보다 영어를 잘하는 미국 열 살 아이도 그 실력이 안 된다. 어려운 수능 문제, 원서 공부, 영어 강의 — 원래부터 할 수 없는 것들이다. 어른들의 무지와 욕심에 우리 학생들만 죽어난다.

그러나 대학 새내기들이 영어로 자기소개 하나 제대로 못하는 것은 다른 문제이다. 영어 학습 10년이면 자기소개 실력 정도는 쌓았어야 했다. 그 정도는 가능하고도 한참 남을 시간이다. 그러나 우리 영어 교육은 10년을 가르치고도 그 정도 실력 하나 못 만든다.

영어로 자기소개 하나 제대로 못하는 대학생들에게 전공 원서를 읽고 영어로 진행되는 수업을 쫓아오라고 하는 게 우리 대학이다. 이제 구구단에 익숙해진 아이들에게 미적분 문제를 들이대는 꼴이다. 정작 아이들은 가게에서 물건을 사고 거스름돈 하나 제대로 계산 못하는 것이 현실인데 말이다.

대학 전공 원서를 이해할 정도의 실력을 만드는 것이 중고등 영어 교육의 목표가 되어서는 안 된다. 열 살 원어민 아이의 영어 실력, 그것을 목표로 삼아야 한다. 영어를 외국어로 10년 동안 익힌 실력이 원어민 열 살 아이 정도의 실력이라면 그건 엄청난 성과이다.

우리 영어 교육이 지향하는 목표는 황당할 정도로 높다. 낮췄으면 좋겠다. 아니, 낮춰야 한다. 낮추면 수업 형태가 바뀌고 영어를 재미있게 배울 수 있다. 재미를 느끼면 스스로 한다. 아이들은 웃으며 영어를 배우고 선생도 웃으며 영어를 가르칠 수 있다.

5 학교 영어 시험을 없앴으면 좋겠다. 없앨 수 없다면 줄이자. 줄일 수 없다면 최소한 그 방식만이라도 바꿔야 한다. 학교 시험을 바꾸려면 먼저 수능 영어를 대대적으로 손봐야 한다. 단순히 시험 문제의 난이도나 변별력 차원의 변화를 말하는

것이 아니다. 근본적인 개혁이 필요하다.

학교 교육만으로는 영어 실력 향상에 한계가 있다는 점은 대부분의 사람들이 인정한다. 하지만 인정만으로는 부족하고 구체적인 조치가 필요하다. 영어가 차지하는 비중을 줄이자. 한낱 외국어에 불과한 영어가 우리 교육에서 차지하는 위상이 지나치게 높다.

학교 영어 수업을 줄이고, 영어 시험을 없애고(줄이고), 대학 입시에서 영어 비중을 대폭 줄이자고 하면 늘 나오는 반론이 있다.

> 시험 안 보면 아이들 실력을 어떻게 평가하지?
> 시험 안 보면 아이들이 영어 공부를 할까?
> 시험 안 보면 영어 실력 안 늘어
> 요즘 세상에 영어는 필수인데 줄여서 어쩌려고?
> 대학에 가면 원서를 봐야 하는데 어떻게 입시에서 영어를 없애?

몇 십 년 동안 버리지 못하고 있는 고정 관념이다. 버려야 할 '적폐(積弊)'이다.

시험 없이 살아 본 경험이 없으니 시험 없는 세상이 두려울 수 있다. 아이들 실력이 떨어질지 모른다는 두려움. 시험이 없어지면 영어 학원 문을 닫아야 할지 모른다는 두려움. 수업 시간에 무엇을 어떻게 가르쳐야 할지 모르는 막연함에서 오는 두려움. 두렵기에 아무것도 하지 못한다.

시험을 통해서만 실력을 늘릴 수 있다면 그건 교육이 아니라 훈련이다. 이제는 아이들이 영어를 스스로 할 수 있게 하자. 재미를 느껴

달려들면 영어를 잘할 수밖에 없다. 학교 영어 교육은 너무 많은 것을 하려 들지 말자. 원래 언어는 누가 옆에서 처음부터 끝까지 가르쳐 주는 게 아니다. 일정 수준에 올려놓으면 그 다음부터는 스스로 익혀 가는 것이 언어이다.

6 영어를 못해도 살아가는 데는 아무런 지장이 없다. 하지만 영어를 하면 세상을 넓게 볼 수 있다. 영어를 하면 세상 홀로서기가 더 쉬워진다. 원어민 뺨칠 정도의 엄청난 실력이 아닌 조금 잘하는 정도만으로도 말이다. 평생 매달린 영어이지만 우리의 영어 실력은 아쉽게도 그 '조금 잘하는' 정도도 되지 않는다. '영어 = 지식', '영어 = 시험'이라는 생각으로 영어를 배웠기 때문이다. 이 사회는 시험이라는 수단을 동원해 우리에게 영어를 강요한다. 그들이 원하는 방식으로 해 봐야 늘지도 않는데 그렇게 강요한다. 무리한 것을 강요하지 않았으면 좋겠다. 강요하려면 방법이나 제대로 갖추고 했으면 한다.

영어 강사로 살아온 사람으로서 소망이 하나 있다.

영어가 싫은 사람은 영어를 하지 않아도 괜찮은 세상이면 좋겠다
영어 좋아하는 사람은 부담 없이 배울 수 있는 세상이면 좋겠다

시험을 통해 영어를 잘하게 만들겠다는 생각은 이제 접자. 영어 실력을 늘리는 것은 궁극적으로 각 개인의 몫이다. 잘하게 만들려고 하

지 말고 좋아하게 만들면 된다. 싫어하면 잘할 수가 없고 좋아하면 잘
할 수밖에 없다.

7   우리 대부분이 지향해야 하는 영어는 언어의 영어, 즉
실전을 위한 영어이다. 이런 영어를 이 책에서는 '언어
영어', '실전 영어'라고 부르겠다.

학교에서 가르치는 영어는 지식을 위한 영어, 즉 시험을 위한 영어
이다. 이런 영어를 이 책에서는 '지식 영어', '시험 영어'라고 부르겠다.

언어 영어   *지식 영어*
   vs.
실전 영어   *시험 영어*

이 책의 주된 내용은 이 두 가지의 비교이다. 이 책의 주된 주장은
두 가지 중에 지식 영어는 하지 말고 언어 영어를 하자는 것이다.

사실 이 둘은 달라도 너무 다르다. 그러나 대부분은 그 차이를 모른
다. 모르기 때문에 "시험을 잘 보기 위해 영어 공부를 열심히 하면 나
중에 실전에서도 잘할 수 있어. 다 도움이 되는 거야" 하고 쉽게 생각
한다. 도움이 전혀 안 된다고 말하면 좀 심하지만 그냥 그렇게 말하고
싶다. 도움이 전혀 안 된다.

시험을 위해 단기간에 쑤셔 넣은 단편 지식은 시험이 끝나면 사라
지게 마련이다. 그런데 우리 영어 교육은 시험의 연속이다. 시험이 끊
임없이 이어지기 때문에 그 단편적인 지식이 완전히 사라질 틈이 없

을 뿐이다. 시험 때마다 근근이 그 생명력을 유지해 가는 우리의 영어 지식. 그게 우리가 착각하고 있는 우리 영어 실력의 본모습이다.

지식 영어가 각종 영어 시험으로 망쳐 놓은 가장 대표적인 분야가 '단어'이다. 사실 단어는 언어 학습의 시작이자 끝이라 할 정도로 가장 중요한 요소이다. 그래서 우리는 단어 암기에 엄청난 시간과 에너지를 쏟아붓는다. 암기 기계라는 말이 무색할 정도로 암기에 집착한다. 그러나 마음속에 항상 드는 생각은 "단어가 부족해", "매일 쓰는 단어만 써", "모르는 단어가 계속 나와", "이거 지난번에 외웠는데 기억이 안 나네", "어떻게 하면 단어를 빨리 늘릴 수 있을까" 같은 것들이다. 학교에 다닐 때는 물론이고 학교를 졸업하고 직장에 들어간 후에도 이 고민은 계속된다.

열심히 하는데 실력은 늘지 않는다. 열심히 하는데 자신의 실력에 대해 늘 불안하다. 열심히 하는데 앞으로 영어 실력이 늘지 확신이 없다. 심지어 열심히 하는데 자신은 열심히 하고 있지 않다고까지 생각한다.

같은 무게라도 화분과 이불을 옮길 때의 모습은 전혀 다르다. 화분은 떨어지면 어쩌나 잔뜩 긴장한 얼굴로 잔걸음으로 바삐 옮기는 반면, 이불은 옮기다 무거우면 바닥에 털썩 던져 놓고 쉬면서 여유를 부리기도 한다. 같은 무게의 영어인데, 지식 영어는 영어를 화분처럼 대하게 만들고 언어 영어는 이불처럼 대하게 만든다.

지식 영어는 우리를 찡그리게 만들지만 언어 영어는 우리를 웃게 만든다. 이왕 영어 하는 거 웃으면서 하자. 이제는 언어 영어의 세상으로 들어가는 거다.

언어 영어
vs.
지식 영어

PART 1

영어는 언어이다
언어인 영어를 우리는 지식으로 배웠다

입으로는 언어 영어를 외치면서
정작 우리 교육은 시험을 위한
지식 영어를 주입한다
시험을 보기 위해 외우고 시험이 끝나면 다 잊는다
우리에게 남아 있는 것은
단편적인 지식 조각 몇 개

지식일 때와 언어일 때의 차이는 크다
지식이 책 속의 이론이라면
언어는 책을 벗어난 실전의 세계이다
운전을 지식으로 배우는 사람이 없듯이
영어도 지식이 아닌 언어로 배워야 한다

‘지식 영어’는 가고
‘언어 영어’가 와야 한다

언어와 지식, 그 엄청난 차이

언어는 의사소통을 위한 도구이다.
하지만 우리의 영어 교육은
'언어'보다는 '지식'의 측면이 훨씬 강하다.
말 한 마디 못하는 수준에서 벗어나 의사소통이
가능한 실전 영어 실력을 기르고 싶다면
영어를 '지식'으로서가 아니라
'언어'로 받아들여야 한다.

Because
of you ~
I never stray
too far from the
Sidewalk
Because of
you~~
I learned to play
on the safe side
So I don't
get hurt

1 　대부분의 사람들에게 언어는 의사소통을 하기 위한 도
구이다. 물론 연구의 대상으로 받아들이는 언어학자도
있지만, 극소수에 불과하다. 극소수에 불과한 학자들이 주도해서
그런지 모르겠지만, 우리의 초중고 영어 교육은 '언어'의 측면보다는
'지식'의 측면이 훨씬 강하다. 지식과 이론을 주입하고 각종 평가를
통해 서열 매기기 작업에 열중하는 우리의 학교 교육. 우리 교육은
10년을 가르치고도 영어로 간단한 자기소개를 할 수 있는 실력 하
나도 못 만든다.

언어 영어　　*지식 영어*
　　　　vs.
실전 영어　　*시험 영어*

　이 둘은 근본이 다르다. 과정이 다르다. 따라서 결과가 다를 수밖에
없다.

2 　'지식'이 책 속의 이론이라면 '언어'는 책을 벗어난 실전
의 세계이다. 지식 영어와 언어 영어의 차이는 운전으로
치면 게임기로 하는 자동차 게임과 도로에서 하는 실제 운전의 차
이에 비유할 수 있다.
　영어 교육은 우리에게 영어는 지식이라는 인식을 심어 놓았다. 대
학생, 직장인이 된 후에도 그 생각은 바뀌지 않는다. 제도 하에 놓여
선택의 자유가 없었던 중고등학생 때는 어쩔 수 없지만, 성인이 된 후

에는 영어는 '지식'이라는 생각을 버리고 '언어'로 받아들이며 그에
맞게 학습법도 바꿔야 한다.

물론 언어로 받아들이고 제대로 해 보려고 노력하는 사람들도 있
다. 그러나 이전과 다른 환경에 적응하지 못하고 중도에 포기하는 경
우가 대부분이다. 언어는 실력이 늘기를 기다려야 하는데, 우리 대부
분은 마음이 조급하다.

사실 이런 노력이라도 하는 사람은 소수에 불과하다. 대부분은 언
어로 받아들이지 못하고, 시험을 위한 지식 영어 방식에서 평생 벗어
나지 못한다. 그 방식이 얼마나 황당한 것인지 모르기 때문이다. 오히
려 자신의 노력이 부족했기 때문이라고 생각하는 천사표까지 있다.
10년간의 세뇌 교육이 남긴 끔찍한 결과이다.

 언어 영어와 지식 영어의 차이를 확실하게 정리해 보자.
(언어 영어는 '언어'로, 지식 영어는 '지식'으로 적는다.)

일단 우리말을 예로 들어 보자. 학교 국어 시간에 배우는 내용은 한
국어라는 언어에 관한 지식이다. 반면에 일상생활에서 우리가 사용
하는 한국어는 지식이 아닌 한국어라는 언어이다.

한국어 지식은 시험으로 평가한다. 시험에 나오는 내용은 일상과
는 큰 관련이 없다. 항상 알고 있어야 할 내용도 아니다. 시험은 공부
를 해야 하고, 시험을 잘 보려면 노력과 머리가 필요하다. 그래서 시
험을 못 보면 게으르다거나 머리가 나쁘다는 소리를 듣는다. 언어로

서의 한국어는 시험을 보진 않는다. 엄마가 아이에게 단어나 표현을 가르쳐 주고 시험으로 확인할 테니 공부하라고 하지는 않는 것처럼 말이다. 살면서 어떤 단어나 표현을 굳이 외우려고 하지도 않는다.

지식일 때는 암기, 이해, 학습 그리고 평가가 이어진다. 제대로 가르쳤는지 제대로 배웠는지 금방 알 수 있다. 뭐든 결과가 금방 나온다. 반면 언어일 때는 반복, 반복, 또 반복 — 이것밖에는 없다. 어떤 단어나 표현을 반복해서 접하고, 그렇게 접한 것이 쌓이고 쌓여서 나중에 실제로 사용할 수 있게 되는 것이 언어이다.

지식일 때는 어제 배운 것을 밤새 공부해서 오늘 시험을 잘 보면 칭찬을 듣는다. 언어일 때는 수십 번, 수백 번 반복 후에 몇 개월 혹은 몇 년이 지나야 자연스럽게 내 것이 된다.

지식은 학년이 오를수록 난이도도 같이 오른다. 그래서 한국어 지식 시험은 중1 시험보다 고1 시험이 더 어렵다. 그러나 한국어 언어 실력은 중1이나 고1이나 비슷할 수 있다. 고1의 언어 능력이 중1보다 반드시 뛰어난 것은 아니다.

지식 습득에 비해 언어 습득은 훨씬 더 능동적이다. 지식은 누가 가르쳐 주는 것을 열심히 공부하면 되지만, 언어는 스스로 찾아 나서야 한다. 언어는 주변에서 하나부터 열까지 가르쳐 주지 않는다. 부모도 아이가 정말 어렸을 때 잠깐 가르쳐 주고는 그만이다. 주변의 말을

귀담아 듣고 혼자 동화책도 보면서 아이는 언어 실력을 스스로 키워 나간다. 당연히 지식보다 언어가 훨씬 더 어렵다.

\# 지식은 '안다 or 모른다'의 차원이다. 반면에 언어는 '한다 or 못한다'의 차원이다. 지식은 당장 몰라도 "그게 뭐였더라……" 생각할 시간적인 여유가 있다. 언어는 필요한 순간에 할 수 있어야 한다. 필요한 순간이 지난 후에 "그거 아는 건데……" 해 봐야 아무 소용 없는 것이 언어이다. 그래서 시험 성적이 100점인 사람이라도 실제 영어 실력은 0점일 수도 있다.

\# 지식이 운전면허 시험이라면 언어는 면허를 딴 후의 실제 도로 운전과도 같다. 시험장에서 해 보는 운전과 실제 도로에서 하는 실전 운전은 차원이 다르다. 자동차 게임을 잘한다고 해서 실제 자동차 운전을 잘하는 것은 아니다.

\# 지식은 목표가 정해져 있다. 어디까지 하면 된다는 끝이 있다. 반면에 언어는 목표도 없고 끝도 없다. 언어는 매일 조금씩 실력을 늘려 나가는 것이다. 몇 살 때까지 어느 정도의 언어 능력을 만들겠다고 목표를 정하지 않는다. 언어 학습의 끝을 정하고 살아가는 사람은 없다. 그냥 매일 그 언어를 접하며 살아갈 뿐이다.

\# 지식은 100점을 지향한다. 모르는 것에 대해 매우 엄격하다. 그래서 잘 나오지 않는 단어나 예외적인 문법 사항에 치중한다. 반면에

언어는 모르는 것을 즐긴다. 모르는 것이 나오면 새로운 것을 알게 됐다고 좋아한다.

지식은 머리와 관련이 있다. 모르면 창피하고 알면 우쭐해진다. 창피한 게 싫다. 모르는 것이 싫다. 그래서 지식은 아는 척을 많이 한다. 언어는 머리와 상관이 없다. 누가 누구보다 언어를 더 잘하고 못하고를 따지지 않는다.

지식은 확실한 것을 좋아한다. 영어에도 수학처럼 정답이 있다고 생각한다. 모든 단어를 일대일 대응어로 외웠기에 모든 것에 일대일식의 정답이 있다고 생각한다. 언어는 '불확실성'을 즐긴다. 단어나 표현, 문장은 상황이나 문맥에 따라 여러 다른 뜻이 될 수 있다는 것을 알고 있다. 그래서 조급하게 달려들지 않는다.

지식은 겉으로 보이는 '형태'를 좋아한다. 현재완료 시제를 보고 have+p.p. 형태를 먼저 생각한다. 형태는 확실하기에 시험 문제로 내기도 편하고 풀기도 좋다. 시험을 좋아하는 지식에게 형태는 사랑스러운 존재이다. 반면 언어는 숨어 있는 '의미'를 좋아한다. 현재완료 시제를 보고 "현재 시점의 상태를 의미하는데 과거 동작과 연관이 있는 거네" 하는 식으로 의미를 중시한다.
형태는 쉽게 외울 수 있지만 의미는 그렇지 않다. 문법책에만 파묻혀 영어를 학습하면 형태의 한계에서 벗어나지 못한다. 문법책 같은 참고서가 아닌 실전의 세계에서 '문맥'을 접해야 한다. 시험 영어(지식 영어)는 겁이 많다. 그래서 치열한 실전 영어(언어 영어)의 세계로 나오지 못한다. 남들에게 자랑할 정도의 문법 지식을 갖춘 사람이 자신의 능력으로는 영어책 한 권 못 읽는 모습을 많이 봤다. 전형적인 지식 영어의 모습이다.

 차이가 이렇게 많다. 이제 가장 커다란 차이를 보자. **언어는 지식과 달리 아무리 노력해도 전혀 변화가 없는 시기가 있다.** 아이들을 보면 잘 알 수 있다. 한동안 아무 변화가 없다가 어느 날 갑자기 언어 실력이 부쩍 늘어 주변을 깜짝 놀라게 만든다. 사실 실력은 계속 늘고 있었지만 우리 눈에 보이지 않았을 뿐이다.

"실력은 느는데 눈에 잘 안 보인다"

이것이 언어 영어의 가장 큰 특징이다.

단기간 내에 성과를 내고 싶은 영어 교육은 변화가 없어 보이는 이 기간을 기다리지 못한다. 시험으로 아이들의 실력을 확인하고 싶어 근질근질한데, 언어 영어는 실력 향상이 눈에 안 보이니 도저히 견딜 수 없다. 하지만 보이지 않을 뿐 실력은 분명히 조금씩 늘고 있다. 그러니 영어 교육은 시험으로 간섭하지 말고 그냥 놔두면 된다.

그러나 어른들은 아이들을 믿지 못하고 시험으로 확인하려 든다. 솔직히 말하자면, 그 많은 영어 시험이 누구를 위한 것인지 때로는 헷갈린다. 정말 아이들의 영어 실력 향상을 위한 동기 부여 차원인 건지,

선생들이 정해진 대로 수업을 제대로 하고 있는지 평가하기 위한 건지 헷갈린다.

매년 수능 시즌이 되면 난이도나 변별력 얘기가 나온다. 누구를 위한 난이도 조정이고 변별력 확보인지 모르겠다. 아이들의 영어 실력 향상과는 별 관련이 없어 보인다. 수능을 출제하는 한국교육과정평가원의 연간 업무 보고 같을 뿐이다.

{ 당신의 영어 나이는 몇 살?

아이의 언어 학습은
input(읽기, 듣기)의 연속일 수밖에 없다.
처음 10년의 기간 동안
먼저 그 언어의 골격, 뼈대, 구성을 익힌 다음
그 뼈대에 나중에 단어를 붙이는 것이다.
<u>우리에게 필요한 것은
어려운 단어,
복잡한 구성이 아니라
기본 단어,
간단한 구성의 영어이다.</u>

외국어 학습에서는 실제 나이와 언어 나이가 같을 수가 없다. 같다면 그것은 외국어가 아니라 모국어이다. 즉, 해당 언어를 사용하는 지역에서 태어난 원어민(native speaker)인 것이다.

요즘 텔레비전에 우리말 실력이 뛰어난 외국인들이 많이 나온다. 그렇게 뛰어난 사람 말고 이제 우리말을 배우기 시작해서 어눌하게 말을 이어가는 외국인을 떠올려 보자. 그 사람들의 한국어는 과연 한국 사람으로 치면 몇 살 정도에 해당할까?

아무리 잘 봐줘도 초등학교 저학년 정도로밖에 보이지 않을 것이다. 더듬더듬 영어를 이어 나가는 우리의 모습도 크게 다르지는 않다. 자신의 실제 나이가 스무 살이라도 영어 나이는 대여섯 살 정도밖에 안 될 수 있다. 그걸 받아들이지 않기에 우리의 영어 학습이 피곤한 것이다.

정규 교육에서는 초등학교 3학년 때 영어를 배우기 시작한다. 실제 나이는 열 살이지만 영어 나이로 치면 한 살이라고 봐도 무방하다. 그렇다면 원어민 한 살 아기와 우리의 초등 3학년 아이는 영어라는 언어의 길을 동시에 출발하는 셈이다.

주변 환경을 보면, 하루 종일 영어를 접할 수 있고 주변 모든 사람들이 영어 선생님이 될 수 있는 원어민 한 살 아기가 월등히 유리하다. 하지만 그래도 명색이 실제 나이 열 살인데 언어 학습 능력은 우리의 초등 3학년 아이가 원어민 아기보다 뛰어나지 않을까?

10년 후, 원어민 아기는 열 살이 되고 우리 초등 3학년 아이는 대학생이 된다. 100퍼센트 언어의 차원에서 영어를 익혀 온 원어민 열 살 아이와 99퍼센트 지식의 차원에서 영어를 공부해 온 우리 대학 새내기. 두 사람의 영어에는 어떤 특징이 있을까?

지식의 차원에서는 대학생의 압도적인 승리이다. 뉴스를 (이해까지는 아니지만) 짐작으로 알아듣고 어려운 전문 용어를 이해하는 측면에서는 아무래도 실제 나이가 많은 우리 대학생이 앞서지 않을까? 어휘력만 하더라도 ubiquitous, carcinogen, deterioration 같은 단어를 일반적인 원어민 초등학생이 알 수는 없을 것이다.

그러나 언어의 핵심인 자연스러움에서 우리 대학생이 원어민 아이를 쫓아갈 수 있을까? 힘들 것이다. 아니, 힘든 정도가 아니라 상대도 되지 않을 것이다. TV 앞에 원어민 아이와 우리 대학생을 앉혀 놓고 영어로 나오는 만화나 드라마를 보게 하면 누가 더 잘 이해할까? 뉴스는 시사 용어 몇 개 알면 짐작이라도 할 수 있다. 그러나 드라마나 만화는 다르다. 나오는 용어는 상대적으로 쉬울지 몰라도, 드라마나 만화는 뉴스에는 없는 감정이 실려 있고 스토리 라인이 존재한다. 식당에서 음식을 주문하라고 하면 누가 더 부담 없이 자연스럽게 할 수 있을까? 우리 대학생이 원어민 아이만큼 할 수 있을 것 같지는 않다.

실력의 특성이 완전히 다르다. 시험과 지식을 위한 영어와 실전과 언어를 위한 영어의 차이가 이런 것 아닐까?

대학생의 실제 나이는 20이지만, 영어 나이는 10이라고 생각해야 한다. 특히 지식이 아닌 언어의 측면에서 보면 영어 나이는 열 살이라고 봐야 한다.

3 열 살의 언어 실력은 어떨까?

영어를 하는 미국 아이도, 한국어를 하는 우리 아이도 열 살의 언어 실력은 그렇게 뛰어나지 않다. 주변의 열 살 아이를 한 번 떠올려 보자. 아이들은 아직 말을 조리 있게 논리적으로 하지 못한다. 횡설수설하기도 하고 한 얘기 또 하고 또 하고 해서 정신이 없기 때문에 아이와 전화 통화를 할 때는 집중해야 한다.

어느 나라나 열 살 원어민 아이의 언어 실력은 어른의 기준으로 보면 그렇게 뛰어나지 않다. 이 아이들은 그동안 뭘 어떻게 했길래 10년을 하고도 언어 실력이 그 정도밖에 안 되는 걸까?

아이들은 10년 동안 주로 input(노출 = 읽기, 듣기)을 한다. 엄마 뱃속 세상에서 지구라는 행성의 한국이나 미국이라는 나라로 나온 아이들. 주변 사람들이 쓰는 말을 처음부터 배워야 한다. 그런데 어른들의 언어 세계는 생각보다 복잡하다. 그리고 생각보다 어른들이 친절하게 하나하나 가르쳐 주지 않는다. 그러면서 매일 새로운 단어나 표현을 계속 던져 준다. 아이의 언어 학습은 input(읽기, 듣기)의 연속일 수밖에 없다.

아이들은 자신을 표현하는 output(말하기, 글쓰기)보다는 상대를 이해하는 input(읽기, 듣기)에 압도적으로 더 많은 시간을 바친다. 그래서인지 아직 output(표현, 사용)은 서툴다. 그러나 input(이해)이 안되는 경우는 전문적인 분야를 제외하곤 거의 없다. 아이들이 TV에서 이해하지 못하는 건 뉴스밖에 없어 보인다. 이건 미국 아이들도 마찬가지이다.

단어는 경험이 수반되기에 열 살 아이의 단어 실력은 제한적일 수밖에 없다. 우리 아이들이 '미필적 고의', '온실가스', '지급 보증' 같은 것을 모르듯이, 미국 아이들도 willful negligence, greenhouse gas, loan guarantee 같은 용어는 모른다. 아이들의 삶과 별 관계가 없기 때문이다.

그럼 아이들이 10년 동안 하는 input은 도대체 무엇일까? 아이들의 input은 단어보다는 '문장' 쪽이다. 문장이 어떻게 구성되는지를 10년 동안 익힌다. 10년 동안 엄청난 수의 다양한 문장을 접한다. 그 과정에서 자신에게 필요한 단어는 익히고 그렇지 않은 단어는 나중에 더 커서 익히려고 그냥 흘려보낸다. 모든 단어를 한꺼번에 알려고 하지 않는다.

가만히 생각해 보자. 한국 성인들도 모르는 한국어 단어가 분명히 있다. 그러나 문장을 이해하지 못하는 경우는 없다. 원어민이라는 게 그런 거다. 처음 10년의 기간 동안 그 언어의 골격, 뼈대, 구성을 익히고, 그렇게 익힌 뼈대에 살아가면서 알게 되는 단어를 나중에 붙이면 된다.

4 우리가 영어를 배울 때는 어떨까? 영어 나이 한 살에서 열 살이 될 때까지 무엇을 할까? 우리는 '단어'라는 이름의 탑을 쌓는다. 그러나 그 탑은 매일 조금씩 계속 무너지기만 할 뿐 올라가지는 않는다.

영어의 골격, 뼈대, 구성에는 별 관심이 없다. 문장 단위가 아닌 단어 단위로 영어를 학습하기 때문에 쉬운 문장 하나도 스스로 만들지 못한다. 영어를 10년 학습했다는 말이 믿기지 않을 정도로 문장 구성을 못한다. 아는 단어만 나열하는 실력에서 벗어나지를 못한다.

영어를 배우기 시작한 지 10년째인 우리 대학 신입생들. 영어 나이로는 열 살 아이들이다. 그런데 이 아이들은 자신에게는 어울리지 않는 어려운 단어, 복잡한 문장만 공부했다. 정작 필요한 것은 그 반대였는데 말이다. 어려운 단어가 아니라 기본 단어가 필요했고, 복잡한 문장이 아니라 간단한 문장이 필요했다.

초중고 영어 교육 10년 동안에는 영어의 기본 구성을 연습하면 충분하다. 짧은 문장을 스스로 구성해서 만들어 보는 연습을 반복하면 된다. 그 구성, 뼈대 위에 단어를 얹어서 확장해 나가는 것은 각 개인의 몫이다.

우리는 반대로 하고 있다. 문장은 복잡해 보이니 외면하고, 단어만 외우려고 한다. 외우겠다고 하는 단어조차도 실전과는 거리가 너무나 먼 단어들이다. 다시 강조하지만, 우리에게 필요한 것은 어려운 단어, 복잡한 구성의 영어가 아니다. 우리에게 필요한 것은 기본 단어, 간단한 구성의 영어이다.

{ 외우고 까먹고······ 암기의 노예

기초 단어도 제대로 사용할 줄 모르면서
많은 단어를 알아야 한다는 강박 관념에
원어민도 모르는 어려운 단어들을 암기한다.
암기하기만 할 뿐 실제 필요할 때
어떻게 사용하는지는 관심이 없다.
덕분에 우리는 단어를
'외우고 까먹고
외우고 까먹고'를 계속 반복한다.
단어 '지식'이
실력이라고
착각하며.

언어 영어 vs. 지식 영어 — 두 영어의 구체적인 차이점
은 '단어 학습'을 보면 가장 잘 알 수 있다.

지식 영어는 제대로 사용할 수 있는 단어는 턱없이 부족한데 많은
단어를 알아야 한다는 강박 관념에 원어민도 모르는 어려운 단어만
암기한다. 초등학생에게 토플 단어를 강요하고 계속되는 단어 시험
으로 학생들을 괴롭히고 단어 짐작만으로 풀 수 있는 시험 문제를 출
제한다.

덕분에 우리의 영어 인생은 '외우고 까먹고 외우고 까먹고'의 반복
이다. 단어 지식이 곧 영어 실력이라고 착각하기 때문이다.

쳇바퀴 속 다람쥐의 모습과도 비슷하다. 자신은 앞으로 가고 있다
고 착각하면서 열심히 바퀴를 돌리지만 늘 제자리인 것이다. '영어 단
어 암기'라는 이름의 쳇바퀴에서 내려오는 것이 우선이다. 내려오려
면 단어 학습에 대한 고정 관념부터 버려야 한다.

2. 지식 영어는 단어를 암기한다. 단어'만' 암기할 뿐 실제
필요할 때 어떻게 사용하는지는 관심 밖이다. 그 단어
의 한국어 대응어 하나만 알고 있으면 된다. 'good = 좋은' 식으로
하나면 충분하다. 그런 식으로 알고 있는 단어 개수가 많으면 많을
수록 지식 영어의 세계에서는 영어 잘하는 사람이 된다. 그래서 속성
암기법이 인기가 높다. 조급한 모습이다.

지식 영어의 단어 학습에는 조급함 말고 한 가지 모습이 더 있다. 바
로 '허세'이다. 이른바 '고급 단어'를 알아야 영어를 잘하는 거라는 허

세. 그래서 ubiquitous, carcinogen, deterioration 같은 단어들을 좋아한다. 초등학생이 토플 단어를 암기하는 게 허세가 아니면 뭔가? 온통 허세다.

조급함과 허세는 지식 영어의 전형적인 모습이다. 버려야 한다.

3 지식 영어에서는 영어를 못하면 머리 나쁜 사람이 된다. 모르는 게 나오면 창피하다. 그래서 일단 '○○○ 암기법' 같은 것에 의지한다. 창피하지 않으려면 모든 것을 알고 있어야 한다. 남들이 모르는 것을 자신이 알고 있으면 우쭐해지며 희열을 느낀다. 그래서 지식 영어는 잘 나오지 않는 희귀 단어나 예외적인 문법 사항을 좋아한다. 그러고는 이런 질문을 잘 던진다.

"너 이거 알아?"

영어를 잘 못하면 창피하고 자신이 없어지고 주눅이 든다. '영어 열등감'이다. 반대로 영어 좀 한다 하는 사람은 자신감이 하늘을 찌른다. 콧대가 높아지는 경우를 흔히 본다. '영어 자만심'이다. 자만심은 열등감이 있기에 가능하다.

영어 한 마디 못해도 아무 지장 없는 한국 땅에서 외국어 하나 때문에 누구는 자만심을 갖고 누구는 열등감을 느끼는 것이 현실이다.

지식 영어의 단어 학습은 겉모습이 참 번드르르하다. 남들이 모르는 단어만 외우고 있으니 그렇게 보일 수 있다. 문제는 그 번드르르한 허세의 가면을 벗으면 드러나는 민낯이다. 참 볼품없다.

자신도 볼품없다는 것을 안다. 그래서 그 허세의 가면을 벗지 못하고 도리어 그 가면 위에 화장을 한다. 'ㅇㅇㅇ 암기법'이라는 이름의 화장, 'ㅇ개월 영어 완성'이라는 이름의 화장이다. 이런 것들은 영어 학습에 있어 의미가 없다. 진짜 실력은 늘지 않고 허세만 늘어난다. 별 의미 없는 학습법이다.

이렇게 허세 가득한 암기식 단어 학습으로는 남는 것이 없다. 평생 지식 영어를 주입받은 우리는 이런 사실을 자각하지 못한다. 오히려 자신의 노력 부족 때문에 영어가 늘지 않는다고 생각한다. 그러고는 암기를 더 열심히 하자고 다짐한다. 암기하고 까먹고, 암기하고 까먹고, 또 암기하고 까먹고. 또 다시 반복이다.

자청해서 암기의 노예가 된다. 노예는 자신을 부리는 주인을 좋아할 수 없다. 영어가 좋을 리 없다. 영어를 생각하면 짜증밖에 나지 않는다. 안타까운 모습이다.

중고등학교 영어 수업 때를 생각하면 머릿속에 떠오르는 모습들이 있다.

다른 건 몰라도 단어 시험은 잊을 수 없다. 영어 시간마다 빠지지 않았던 단어 시험. 틀린 개수만큼 회초리를 맞기도 했다. 이 단어 시험은 우리 머릿속에 '영어는 암기'라는 착각을 심어 버렸다. 단어를 많이 외우면 영어를 잘하는 거라는 착각 말이다. 평생 버리지 못하는 착각이다.

단어 시험이나 중간고사 점수를 영어 실력이라고 생각한다. 벼락치기 암기로 점수를 올리고는 영어 실력이 늘었다고 착각한다. 시험 점수는 오를지 몰라도 진짜 실력은 오르지 않는다. 점수가 아닌 '진짜 영어 실력'이 는다는 것 자체가 무엇인지 모른다. 암기와 허세 식으로 공부해 봐야 영어 실력이 느는 게 아니라고 일러 줘도 결코 동의하지 않는다.

영어 실력은 일단 '단어'에서 시작한다고 단정하기 때문이다. 영어를 못하면 아는 단어의 개수가 부족하기 때문이라고 속단한다. 자신의 암기 노력이 충분하지 않아서 영어가 늘지 않는다고 반성한다. 그러고는 마음을 다잡고 단어를 더 외워야겠다고 다짐한다.

이런 우리를 돌팔이들이 이런저런 광고로 유혹한다. 한번 해 보라고. 실력 늘리는 거 별거 아니라고. 몇 달 안 걸린다는 식의 뿌리치기 힘든 작업 멘트를 날린다. 요즘 광고는 과학적인 근거까지 들이댄다. 무슨 실험과 연구를 거쳤다는 식의 광고. 우리는 광고 속 숫자에 혹하고, 근거도 불분명한 과학적 데이터에 솔깃한다.

마지막으로 속는 셈 친다고 생각하며 지갑을 연다. 하지만 정말 마지막일까?

{ 언어 영어 맛보기 ①
집 & HOUSE

우리는 잘 나오지도 않는 단어를
외우는 데 모든 시간을 쏟고,
자주 나오는 보편적인 단어나 표현은 무시한다.
엄청난 어휘 능력을 보유하고 있을지 몰라도
정말 필요한 것은 모르고 있다.
"영어, 한다고 하는데
왜 실력은 늘 제자리일까?"
정작 필요한 것은
안 하기 때문이다.

Don't try to
run before
you learn to walk

1 한국어를 배우는 외국인을 예로 들어 보면 영어를 배 우는 우리의 모습이 더 잘 드러난다.

외국인 두 사람이 '집'이라는 한국어 단어를 공부한다고 치자. '집' 의 가장 일반적인 뜻은 '추위, 더위, 비바람을 막고 그 안에서 살기 위 하여 지은 건물'이지만, '집'의 용법은 그게 전부가 아니다.

둘 중 한 사람은 아래와 같은 '집'의 여러 용법을 궁금해 한다.

이 집에서 제일 잘하는 걸로 주세요

집밥 꾸준히 먹으면 살 빠져

우리 집에선 둘째가 제일 말을 안 들어

집에서 전화 오면 어떡하지?

집안일이 많아

'살고 있는 건물' 외에 이렇게 다양한 용법이 있다고 재미있어 한 다. 가끔 이런 아재 개그도 날린다. "갈비집에는 갈비가 사는 거 맞 죠?"

다른 외국인의 모습은 이렇다.

'자택'과 '저택'이 '집'과 비슷한 단어인지 물어본다

'자택'과 '저택'의 차이를 궁금해 한다

'가옥'이라는 단어도 어제 배웠다고 자랑한다

'주택'도 있는데 그건 그냥 '집'과 어떻게 다른지 물어본다

'관사'라는 단어를 봤는데 무슨 뜻이냐고 물어본다
'축사'라는 단어도 봤다면서 관사나 축사에 나오는 '사' 자가 '집'의 뜻
인지 물어본다

엄청난 한국어 실력을 갖춘 외국인이면 이런 질문을 할 수도 있다.
그러나 정작 이 외국인의 실제 한국어 구사 능력이 이 정도라면?

자기소개는 두세 마디 하면 끝난다
편의점 가서 물건 하나 제대로 못 산다
길을 물어볼 때도 주저하고 더듬대기 일쑤다
한 가지 주제를 놓고 길게 말하는 건 상상도 못한다

두 번째 외국인의 경우에는 상식에 맞는 학습법으로 보이지 않는
다. 좋게 말하면 지식으로 언어를 대하는 것이고, 나쁘게 말하면 그냥
허세, 과시용이다. 지식 영어에 세뇌된 우리의 모습도 이와 다를 바 없
다. 아주 똑같이 겹쳐진다.
　'집' 하나로는 모자라 '자택', '저택', '가옥', '주택', '관사', '축사' 이
런 걸 알고 있어야 한다고 생각하는 게 우리의 단어 학습 방식이다. 전
형적인 지식 영어의 모습이다.

지식 영어에서 언어 영어 쪽으로 넘어와 보자.
왕초보여도 house라는 영어 단어를 모르는 사람은 없

을 것이다. 그런데 It's on the house.라는 간단한 문장의 뜻은 대부분 모른다.

원어민이라면 아이들도 알고 있을 이런 기본 표현도 모르는 사람이 residence, dwelling, shack, flat, domicile(모두 '집'에 해당하는 단어들) 같은 어려운 단어를 암기하는 것이 지식 영어의 모습이다. 반면 **언어 영어**는 on the house 같은 기본 표현을 중시한다. residence, dwelling, shack, flat, domicile 같은 어려운 단어는 자주 나오지 않는 단어이기에 당연히 우선순위에서 뒤로 밀린다.

우리의 단어 학습에서는 지식 영어가 언어 영어를 압도하고 있다. 잘 나오지도 않는 단어를 외우는 데 모든 시간을 쏟고, 자주 나오는 보편적인 단어나 표현은 무시한다. 남들은 다 알고 있는 보편적인 단어나 표현을 모르는데 의사소통이 제대로 될 리 없다.

'house = 집'이면 충분하지 않느냐고 생각한다면 다음 문제에 한번 도전해 보자. 네 개의 우리말 문장을 영어로 해 보는 거다. 단, 조건이 있다. 그냥 막 해 보는 거다. 그냥 하고 싶은 대로, 문장이 길어도 좋고 짧아도 좋고, 문법적으로 틀려도 상관없다. 지금 당장 저 말을 못하면 범인으로 오해받아 경찰에 체포된다는 심정으로 바로 해 보자.

곧바로 얼마나 할 수 있는지가 진정한 언어 실력이다. 실전에서는 시간이 넉넉하지 않기 때문이다.

a. 그 식당에선 오래 기다리게 해서 죄송하다며 디저트를 서비스로 줬다.

b. 이 교도소에는 약 3,000명의 수감자와 300명의 직원이 있다.

c. 에릭 클랩튼은 매디슨 스퀘어 가든을 가득 메운 청중 앞에서 멋진 공연을 선보였다.

d. 내게 이래라저래라 하기 전에 네 문제부터 해결해야 하지 않을까?

죽이 되든 밥이 되든 지금 당장 해 보자.

 막상 해 보면 꽤 어려울 것이다. 엄청난 어휘 능력을 보유하고 있을지 몰라도 정말 필요한 것은 모르고 있는 게 우리 영어의 본모습이다.

"영어, 한다고 하는데 왜 실력은 늘 제자리일까?" 정작 필요한 것은 안 하고 이상한 곳에서 놀고 있기 때문이다.

ubiquitous, carcinogen, deterioration 같은 단어들은 외우려고 노력하지만, 막상 앞에 나온 네 개 문장은 쩔쩔매는 게 우리 영어의 민낯이다. 문제로 제시한 네 문장에 어려운 단어는 하나도 없어 보인다. 우리가 일상생활에서 쓰는 이른바 생활 한국어 정도의 수준이다. 영어 문장 역시 쉬운 단어만으로도 충분히 만들어 낼 수 있다. 그런데 우리는 이 쉬운 단어를 제대로 모른다. 안다고 착각하고 생전 보지도 못할 어려운 단어들만 붙잡고 있으면서 그게 실력인 줄 안다.

조금 전에 말한 쉬운 단어는 house이다. 'house = 집' 정도로는 충분하지 않다. 앞에 나온 네 문장을 통해 house의 여러 다른 용법을 알아보자.

ⓐ 그 식당에선 오래 기다리게 해서 죄송하다며 디저트를 서비스로 줬다.

They apologized for the long wait and gave us dessert on the <u>house</u>.

- house n. 회사, 기업
  유명 출판사 Random House처럼 회사명에 house가 들어가기도 한다. 경매업체를 an auction house라고 한다.

- on the house 회사가 부담
  즉 식당이 부담한다는 뜻. 그래서 서비스.

- It's on me. 내가 살게.
  on the house와 같은 맥락에서 보자.

- 위 문장에서 오래 기다렸다는 건, 음식을 기다린 것일 수도 있고 밖에서 자리가 나기를 기다린 것일 수도 있다. 그렇다면
  They apologized for the long wait for the food 혹은
  They apologized for the long wait for a seat이라고 하면 된다.

- on the house 대신 '공짜'라는 뜻의 for free를 쓸 수도 있다.
  gave us dessert for free

ⓑ 이 교도소에는 약 3,000명의 수감자와 300명의 직원이 있다.

The prison <u>houses</u> about 3,000 inmates and employs 300 workers.

- house v. 거처를 제공하다
  A라는 장소 안에 B가 살고 있을 때, A house B.

- 직원은 명사 employees도 좋지만, employ를 동사로 사용하는 것도 한 방법이다.

- 간단히 이렇게 적어도 된다.
  The prison has about 3,000 inmates and 300 employees.

> **ⓒ** 에릭 클랩튼은 매디슨 스퀘어 가든을 가득 메운 청중 앞에서 멋진 공
> 연을 선보였다.
>
> Eric Clapton gave a great performance to
> a packed <u>house</u> at Madison Square Garden.

- house   n. 관객, 군중
  a packed house 혹은 a full house   그 장소를 다 메운 관객들

▶ **다른 버전**

Eric Clapton put on an amazing show before a sellout
crowd.
- sell out   v. 매진되다
  a sold-out crowd 혹은 a sellout crowd   자리를 쏵 메운 청중, 관중
- put on   v. (행사, 파티를) 만들어 내다, 선보이다

> **ⓓ** 내게 이래라저래라 하기 전에 네 문제부터 해결해야 하지 않을까?
>
> You should put your own <u>house</u> in order before
> telling me what to do.

- to put your house in order   너부터 잘하다
  너희 집부터 정리정돈을 잘하라는 느낌
- '이래라저래라 하기 전에'는 before you start giving me advice
  혹은 before telling me to do this and that도 괜찮다.

- 경제나 정치를 바로잡는다고 할 때 house 앞에 political이나 economic 같은 형용사를 넣어 응용할 수도 있다.

  The country needs to put its economic house in order.
  그 나라는 경제를 바로잡아야 한다.

이렇게 설명해 줘도 'house＝집'이면 충분하고 residence, dwelling, shack, flat, domicile 같은 단어를 외우는 게 먼저라고 생각한다면 '암기의 노예'가 맞다. 쓸 일도 없는 단어들을 외우고 까먹고를 반복하며 자신의 시간과 돈을 허비하고 있는 노예.

 지식 영어가 남긴 폐해는 단어 학습은 물론 문법, 독해, 청취, 회화, 작문 모든 분야에 남아 있다. 지금은 단어 학습만, 그것도 house라는 단어 하나만 가지고 살펴봤다.

지식 영어는 'house ＝ 집'이 끝이라고 생각하고 residence, dwelling, shack, flat, domicile 쪽으로 옮겨 간다. 그러나 언어 영어는 성급하게 house의 고급 단어로 올라가지 않는다. 쉽게 느껴지는 house의 여러 용법을 시간을 두고 여러 번 접하면서 서서히 내 것으로 만들어 간다. 물론 시간은 걸린다. 하지만 언어 학습은 원래 시간이 걸리는 것이고, 빨리 결과가 나오는 게 비정상이다.

원어민 열 살 아이가 10년 동안 하는 단어 공부 역시 이런 식이다. 자신의 경험에도 없는 어려운 단어로 섣불리 올라가지 않는다. 익숙한 단어 house의 다양한 용법을 알아가는 게 먼저니까.

언어는 아이들이 배우는 대로 하는 게 정답이다.

{ 언어 영어 맛보기 ②
INTO

영어 실력이 늘지 않는 가장 근본적인 이유는
단어를 모르기 때문이다.
껍데기만 알고 있는 수천, 수만 개의 단어보다
제대로 알아서 필요할 때 쓸 수 있는
수백 개의 단어가 더 중요하다.
<u>어려운 '고급 단어'보다는
중학교 수준의
'기본 단어'에
더 관심을 가져야 한다.</u>

NEVER
judge from
appearance

1 　　지식 영어는 영어 학습 전반에 잘못된 생각을 심어 놓
았다. 문법, 독해, 청취, 회화, 작문 모두 해당된다. 이
야기는 이전에 나온 책 「10년 내내 초보인 당신을 위한 오성호 영어
책」이나 「Again! 뒤집어본 영문법」에 자세히 나와 있다.

　문법, 독해, 청취, 회화, 작문 모두 망쳐 놓았지만, 지식 영어의 가장
심각한 폐해는 '단어 학습'에 있다. 우리의 영어 실력이 늘지 않는 가
장 근본적인 이유는 단어를 모르기 때문이다. carcinogen을 몰라서
가 아니라 house를 몰라서 우리의 영어 실력이 늘지 않는 것이다.

　예전에 「happy는 행복한이 아니다」라는 제목의 책을 썼다.
'house = 집'이 전부가 아니듯 'happy = 행복한'이 전부가 아니라는
내용이었다. 언어 영어의 기본적인 단어 접근법에 관한 책이었다. 요
즘 단어 학습법 책을 새롭게 쓰고 있는데, 그 책 원고 중 일부가 방금
소개한 house이다.

　그 원고에 나오는 단어를 더 소개한다.

2 　　언어 영어에서는 껍데기만 알고 있는 수천, 수만 개의
단어보다 제대로 알아서 필요할 때 쓸 수 있는 수백 개
의 단어를 더 중요하게 생각한다. '고급 단어'라고 하는 어려운 단어
보다는 '기본 단어(이른바 중학교 교과서 단어들)'의 다양한 용법에 더
관심이 있다.

good /happy /on /into /cost /mind /find /deliver

같은 기본 단어들

이 단어들을 'good = 좋은', 'happy = 행복한', 'on = ~의 위에', 'into = ~ 안으로', 'cost = 비용', 'mind = 마음', 'find = 찾다', 'deliver = 배달하다' 이렇게 일대일 대응어 하나만 알고 가는 게 지식 영어다. 이래서는 영어 실력이 절대 늘지 않는다.

기본 단어는 용법이 참 많다. 사전을 찾아보면 정말 감당이 안 될 정도로 많다는 것을 알 수 있을 것이다. 언어 영어는 그 많은 용법을 한번에 외우려 들지 않는다. 외워서 될 일이 아니기 때문이다. 언어 영어는 시간을 두고 다양한 문맥 속에서 직접 접해 가면서 하나씩 익혀 갈 뿐이다. 그 다양한 용법을 전부 다 알아야 한다고 생각하지 않는다. 자신이 아는 용법을 하나씩 늘려 갈 뿐이다.

완벽함을 추구하며 모르면 창피함을 느끼는 지식 영어에서는 용납이 안 되는 모습이다. 그러나 영어를 언어로 받아들이고 모르는 게 나오면 새로운 것을 알았다고 즐거워하는 언어 영어에서는 얼마든지 가능하다.

이는 한꺼번에 다 외울 필요가 없는 지하철 노선도와도 같다. 매일 타고 다니다 보면 지하철 노선에 익숙해진다. 매일 타고 다니면 되듯이 영어도 그렇게 하는 것이다.

3 언어 영어의 핵심은 기본 단어의 다양한 용법을 하나씩 제대로 알아가는 것이다. 여기서 기억해야 할 것은 '하나씩'이다. 사전에 나와 있는 good의 모든 용법을 '한꺼번에' 외우려 드는 게 아니다. 여러 가지 문맥 속에서 good의 다양한 용법을 실제로 만나 보는 것이다. 그러면서 '하나씩' 자신의 것으로 만들 수 있게 된다.

good 좋은

happy 행복한

on ~의 위에

into ~ 안으로

cost 비용

mind 마음

find 찾다

deliver 배달하다

"이게 전부 아니야? 도대체 이것 말고 다른 무슨 뜻이 있다는 거야?" 이렇게 생각할지도 모르겠다.

하지만 많다. 아주 많다.

앞서 house 가지고 했던 작문 연습을 다시 한번 해 보자. 일단 다음 네 문장을 보자.

a. 이 보고서는 두 부분으로 나눌 수 있다.

b. 경찰은 그 교통사고에 관한 조사가 계속 진행 중이라고 밝혔다.

c. 나는 스포츠를 좋아해 본 적이 없어.

d. 네가 설득해 보면 걔가 마음을 바꿀지도 몰라.

아까는 공통으로 들어가는 단어가 house였다. 지금은 어떤 단어일까? 당연히 중학교 1학년 때 배운 기본 단어다. 어려운 단어는 생각조차 하지 말자. (바로 다음 장으로 넘기지 말고 어떤 단어인지 생각해 보자.)

공통으로 들어갈 단어는 into. 그렇다. '~ 안으로'가 전부인 줄 알았던 그 into이다.

앞에서 제시한 네 개의 문장을 다시 소개하니 각 문장에서 into가 어떤 역할을 할지 생각해 보자.

> a. 이 보고서는 두 부분으로 나눌 수 있다.
>
> b. 경찰은 그 교통사고에 관한 조사가 계속 진행 중이라고 밝혔다.
>
> c. 나는 스포츠를 좋아해 본 적이 없어.
>
> d. 네가 설득해 보면 걔가 마음을 바꿀지도 몰라.

자, 이제 하나씩 살펴보자.

> **ⓐ** 이 보고서는 두 부분으로 나눌 수 있다.
>
> The report is divided **into** two parts.

- A를 B로 바꾼다고 할 때 turn A into B가 가장 일반적이다. 뭔가를 바꿀 때, 뭔가 변할 때 나오는 전치사는 into라고 기억하자. 그래서 한국어를 영어로 번역한다고 하려면 translate Korean into English라고 한다.

- This novel has been translated into ten different languages.
  이 소설은 10개의 다른 언어로 번역되었다.

- 두 부분으로 나누는 것은, 하나를 둘로 바꾸는 것이다. 그래서 divide 다음에 into가 나온다.

▶ 다른 버전

The report consists of two sections.

• to consist of ~로 구성되다

ⓑ 경찰은 그 교통사고에 관한 조사가 계속 진행 중이라고 밝혔다.

Police say the investigation <u>into</u> the crash is still underway.

• 조사를 하려면 안으로 파고들어야(into) 한다. 그래서 뭔가 자세히 알아볼 때는 전치사 into가 제격이다.

• underway a. 현재 진행 중인
underway 자리에 ongoing이나 continuing을 넣어도 좋다.

• police 원래 예전에는 the police와 같은 식으로 the를 붙였는데 요즘은 그냥 police로 나온다. 중요한 점은 복수 취급 한다는 점. 그래서 동사는 says가 아니라 say이다.

• a crash n. 충돌, 사고

▶ 다른 버전

Police say they are still looking into the car accident.

• to look into 조사하다
역시 into가 나온다.

• Police say는 According to (the) police라고 해도 좋다.

ⓒ 나는 스포츠를 좋아해 본 적이 없어.

I've never been <u>into</u> sports.

- 좋아하는 게 있으면 안으로 파고든다. 좋아할 땐 into. 쉽다.

▶ 다른 버전

I have never liked sports.
- 가장 일반적인 문장이다.

Sports have never been my thing.
- not my thing은 '특별히 좋아하지 않는 것'이라는 뜻이다.

ⓓ 네가 설득해 보면 걔가 마음을 바꿀지도 몰라.

Maybe you can talk him <u>into</u> changing his mind.

- into는 기본적으로 바꾸는 의미라고 했다. 설득을 해서(talk) 누군가가 어떤 행동을 하도록 바꾸는(into) 느낌이다.
- 그 사람 말을 듣고 하는 쪽으로 바꾼 경우에는 He talked me into it.
- 그 사람 말을 듣고 하지 않기로 했으면 He talked me out of it.

▶ 다른 버전

You can get him to change his mind.
- 여기서 get은 '~하도록 만들다'의 뜻이다.

You can turn him around.
- 가는 사람을 '돌려세우는' 느낌. 마음을 돌리는 그림이 그려진다.

"이걸 언제 다 외워?" 이런 생각은 이제 버렸으면 좋겠다.

단어는 말을 배워 가는 과정에서 필요하기 때문에 하나씩 익혀 가는 것이지 미리 잔뜩 쌓아 놓고 한꺼번에 외우는 게 아니다. 이는 단어 학습에 있어 불변의 진리이다.

언어 영어 맛보기 ③
{ OUT

언어 영어는 장기전이다.
새로운 용법을 만날 때마다 눈도장을 찍고
"아~ 이런 게 있네" 하고 지나가고,
며칠 후에 다른 문맥에서
전에 봤던 표현을 또 만나게 되고……
이런 과정이 반복되면서
자연스럽게 자신의 것이
되는 것이다.

1 언어 영어는 조급하지 않기에 공부하면서 화내지 않는다. 모르는 게 나와도 짜증 내지 않는다. 아니, 오히려 더 좋아한다. "와! 이 단어에 이런 뜻도 있었네" 이렇게 생각한다.

지식 영어는 영어 단어 하나에 우리말 대응어 하나만 외우고 그냥 달아나 버린다. 또 다른 단어를 그런 식으로 외워야 하기에 급하다. 조금 전에 외운 단어를 실제 어떻게 쓰는지에는 별 관심이 없다. 그래서 정작 필요한 순간에 쓸 수 있는 단어가 없다.

반면, 언어 영어는 달아나지 않고 단어 주변을 맴돈다. "뜻이 이거 하나밖에 없을 리가 없어"라고 생각하기 때문이다. 특히 중학교 때 배운 '기본 단어'는 옆에 딱 달라붙어서 다른 용법이 나오기를 계속 기다린다.

2 지식 영어는 ubiquitous, carcinogen, deterioration 같은 단어를 어렵게 생각하며 더 신경을 쓰는데, 언어 영어의 눈에는 이해가 안 된다.

일단, 저런 단어들은 잘 안 나온다. 영어를 좋아해서 매일 접하는 사람들이 보기에도 잘 안 나오는 단어들. 하물며 지식 영어를 지향하는 사람들은 영어를 매일 보지도 않는다. 그렇다면 정말 볼 기회가 거의 없는 단어들일 수도 있다. 잘 나오지도 않는데 왜 중요한 건지 모르겠다.

ubiquitous, carcinogen, deterioration — 스펠링이 복잡하니 어려워 보인다. 자주 나오지 않기에 어렵게 보인다. 그러나 전혀 어렵지 않다. 이런 단어는 용법이 하나밖에 없기 때문이다. 신경 써야 할 용법이 하나밖에 없으니 실전의 차원에서 보면 전혀 어려운 단어가 아니다.

언어 영어가 어렵다고 생각하는 단어는 중학교 1학년 교과서에 나오는 이른바 기본 단어들이다. 바로 앞에서 살펴본 into가 그 예이다. 이런 단어는 자주 나올 뿐더러 용법도 다양하기 때문에 항상 신경 써서 봐야 한다.

3 언어 영어에서 중요하게 생각하는 기본 단어를 하나 더 살펴보자. 이번에는 out이다. out은 기본적으로 '안에서 밖으로'의 느낌이라는 것은 모두 알고 있을 것이다.

He's **out** to lunch.
점심 먹으러 나갔고.

She suddenly took **out** a letter from her pocket.
주머니에서 갑자기 편지 한 통을 꺼내는 모습.

I was kicked **out** of school because of my attitude.
학교에서 퇴학당했다. 평소 태도가 안 좋았던 게 이유.

'안에서 밖으로' 용법은 밤을 새도 모자랄 테니 여기까지 하고, out 의 다른 그림을 살펴보자.

가령 뭔가 말할 때를 생각해 보자. 자기가 하는 말에 자신감이 있으면 말을 분명하게 입 밖으로 내뱉는다. 반면에 자신감이 없는 사람은 입안에서 우물우물하게 마련이다. 그래서 입으로 하는 동작을 나타내는 동사(speak, sing, cry, call 등)에 out이 붙으면 자신 있게 큰 소리로 그 행동을 하는 느낌을 준다.

제일 유명한 건 역시 speak out인데, 지식 영어에서는 '솔직하게 말하다'로 외우는 표현이다. 이 표현의 기본 그림은 말할 때 주저 없이 밖으로 내뱉는 모습이다. 숨김없이 말을 한다는 차원에서 보면 '솔직하게 말하다'도 틀린 건 아니다.

Athletes need to **<u>speak out</u>** on Steroids.
운동선수들은 (금지 약물) 스테로이드에 대해 숨김없이 말을 해야 한다는 내용이다. 할 말 있으면 터놓고 다 하라는 그림이 그려진다.

She **<u>spoke out</u>** for the poor and for women.
가난한 사람과 여성을 대변하기 위해 적극적으로 나섰던 모습.

이렇게 speak out 하고 있는 모습을 형용사로 표현하려면 speak out의 순서를 바꾸면 된다. 그럼 outspoken이라는 멋진 단어가 나온다.

He is an **<u>outspoken</u>** critic of the war in Syria.
시리아 전쟁에 대해 비판적인 입장을 적극적으로 표현하는 사람.

speak out 말고 입으로 하는 동작과 관련 있는 다른 단어들을 적어 보자.

The baby is **<u>crying out</u>** in pain.
고통 때문에 크게 울고 있는 아기의 모습.

I was outside playing when a voice **called out** my name.
밖에서 놀고 있는데 내 이름을 크게 부르는 목소리가 들렸다.

I have never seen so many people all **singing out** loud.
그렇게 많은 사람들이 모두 목청껏 노래하는 모습을 본 적이 없다는 내용.

지금 나온 loud를 눈여겨보자. 지금 소개하고 있는 out의 용법에 이렇게 loud가 따라붙은 경우가 자주 있다. out에 loud까지 있으니까 그 효과가 배가되고 있다. crying out loud, calling out loud, singing out loud는 자주 쓰이는 표현이니 입으로 몇 번씩 말해 보자.

자, out의 또 다른 그림을 하나 그려 보자.

할 말이 있을 때 입안에서 우물거리지 않고 밖으로 뱉는 것은 할 말을 '끝까지', '완전히' 하는 모습이다. 그래서 out에는 '끝까지', '완전히' 용법이 있다.

Why didn't you just hear me **out**?
왜 내 말을 끝까지 들어 주지 않았냐고 따지는 모습. 말하는데 중간에 자꾸 끊고 들어올 때 "Hear me out!"이라고 하면 된다.

When we had an argument, we used to fight it **out** in the middle of the street.
말다툼이라도 벌어지면 길 한가운데서도 결론이 날 때까지 다퉜다는, 즉 끝장을 봤다는 뜻이다.

I almost declined, but then decided to think this **out** rationally.
역시 잘 나오는 용법이다. think something out 하면 something의 모

든 가능성을 완전히, 끝까지 생각해 보는 신중한 모습이 그려진다. 처음에는 싫다는 말이 목구멍까지 나왔지만, 냉정을 찾고 모든 가능성을 염두에 두기로 결심했다는 내용의 문장이다.

우리가 아주 쉽다고 생각하는 단어 out. 하지만 이 단어가 얼마나 다양한 용법으로 쓰이는지를 알게 되면 out을 쉬운 단어로만 치부하고 넘어갔던 우리의 생각을 되돌아보게 된다.

 다시 강조하지만, 이 용법들을 한꺼번에 다 외우려고 하면 안 된다. 지식 영어라면 오늘 다 외우고 내일 다시 외우고 모레 또 외우는 것을 반복하다 포기하는 게 보통이다. 하지만 언어 영어는 장기전이다. 영어를 계속 보면서 여러 용법을 하나씩 만난다. 새로운 용법을 만날 때마다 눈도장을 찍고 "아~ 이런 게 있네" 하고 지나간다. 며칠 후에 다른 문맥에서 오늘 봤던 표현을 또 만나게 되면 "며칠 전에 봤던 건데" 하고 또 지나간다. 이런 과정이 반복되면서 자연스럽게 자신의 것이 되는 것이다.

그래서 시간이 오래 걸린다. 그러나 영어를 언어로 생각한다면, 그리고 실력을 제대로 올리고 싶다면 이렇게 하는 게 올바른 길이다. 언어 영어식 단어 학습은 무작정 암기할 때와는 달리 언어의 재미를 느끼게 해 준다.

언어 영어 방식은 올바른 길이며 동시에 재미있는 길이다. 가지 않을 이유가 전혀 없다.

영어를
좋아하려면

실전 언어 영어는
나중에 말하고 글을 쓸 것까지 염두에 두고
표현 하나를 익히더라도 제대로 익힌다.
언어 영어의 묘미는
이런 세세한 것들을 알아가는 데 있다.
영어에 '재미'가 끼어들
틈을 주려면 빨리
언어 영어의 세계로
넘어와야 한다.

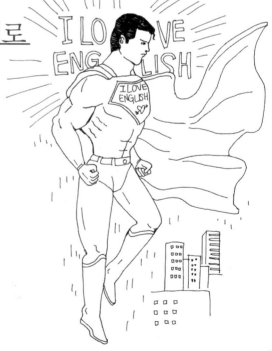

1 　지식 영어가 '대충'이라면 언어 영어는 '제대로'이다. 실
전 언어 영어는 시험이 끝나면 잊어도 되는 영어가 아니
다. 나중에 직접 말하고 글을 쓸 것까지 염두에 두고 표현 하나를 익히
더라도 '제대로' 익히고 간다. '제대로'의 사례를 몇 개 들어 보겠다.

You have a beautiful eye.

　이 문장은 딱 보고 이상하다는 것을 알아채야 한다. 그렇지 않다면
다른 표현에서도 아마 비슷한 실수를 저지를 가능성이 높다.
　'a' beautiful eye? a가 붙어 있고 eye가 단수로 나와 있다. 칭찬
의 뜻으로 한 말이지만 이 말을 듣는 사람은 순간적으로 헷갈릴 수 있
다. "두 눈 중에 한쪽만 예쁘다는 거야?" 그리고 화를 내면서 "Which
one?" 하고 물어볼지도 모른다.

I was yelling because he called me name.

　이 문장도 이상하다. 걔가 내게 욕을 해대서 내가 소리를 지르
고 있던 거라는 내용인데, 욕한다고 할 때의 정확한 표현은 call me
names이다. names 복수가 와야 한다. 그래야 말이 되지 않을까? 생
각해 보자. 내 이름은 오성호인데, 친구들이 내게 욕을 해댄다. x새끼,
x방새, x밥 등등. 내 이름은 하나인데 이상한 다른 이름들로 나를 부
르는 것이다. names가 돼야 비로소 그 뜻을 갖게 된다. 이걸 더 강조
하려면 call me all kinds of names라고 한다. 온갖 이상한 이름으로

부르는 정도로 보면 된다.

I hope to follow in his footstep.

이 문장 역시 단복수 오류이다. 그 사람이 걸어간 길을 자신도 걸어
가고 싶다는 내용이다. 아무도 걸어가지 않은 눈길에 찍힌 그 사람의
발자국을 떠올리면 그림이 보인다. 그 발자국에 내 발을 넣고 그대로
쫓아가는 그림.

그런데 footstep? 이렇게 단수로 나오면 곤란하지 않을까? 그 사
람이 걸어간 길 중에 딱 한 발자국만 쫓아가고 거기 멈춰 서는 건 아니
니까 footsteps라고 해야 말이 된다.

지금 소개한 경우처럼 s 하나 빠진다고 시험 점수가 안 나오는 것
은 아니다. 그래서인지 시험 영어에 익숙한 사람들은 이런 단복수 관
련 내용을 눈으로만 대강 보고 무시해 버리기 일쑤다.

단복수 사례를 하나만 더 들어 보자.
보통 '무릎을 꿇는다'고 할 때 on one's knees라고 한다. He was
on his knees.는 "무릎을 꿇고 있었다"는 상태를 나타낸다. 이것을
"그가 들어오는 순간 나는 무릎을 꿇었다"라는 동작 표현으로 하려면
I got down on my knees when he walked in.이라고 한다.

애인에게 "Will you marry me?" 프러포즈를 무릎 꿇고 하는 남자
들이 있다. 무릎을 꿇는 건 무조건 on one's knees라고 해서 He got
down on his knees and asked her to marry him.이라고 하면 조

금 이상하다. 청혼하면서 두 무릎을(knees) 다 꿇는다? 무슨 청혼을 이렇게 비굴하게? 커다란 죄라도 저질렀나? 당연히 이럴 때는 knee 단수가 나오는 게 보통이다. 한쪽 무릎(a knee)만 꿇을 때 멋진 청혼 그림이 나온다.

조금 다른 맥락이지만 wheel이라는 단어 얘기를 해 보자.

wheel은 모두들 '바퀴'라고 외우는 단어이다. '바퀴'도 좋지만 그냥 '둥그렇게 생긴 뭔가'의 그림으로 인식하는 게 더 편하다. 이 세상에는 상황에 따라서 너무나 많은 wheel이 있으니 말이다. 자동차에는 일단 앞뒤로 달린 '바퀴'가 있다. 그런데 바퀴 말고 자동차에는 둥그렇게 생긴 게 하나 더 있는데, '핸들'이라고 부르는 운전대이다. '바퀴'일 때는 그냥 wheel이고, '운전대'일 때는 steering wheel로 흔히 알고 있다. 하지만 '운전대'를 그냥 간단하게 wheel이라고만 해도 된다. 그럼 이 둘을 어떻게 구별할까?

운전대는 자동차에 몇 개 있을까? 한 개밖에 없다. 그래서 wheel이 '운전대'의 뜻으로 나올 때는 the가 붙는 것이 일반적이다. 그래서 이런 표현이 많이 나온다.

A: Who was behind **the wheel** at the time of the accident?
B: I was. My brother wanted me to take **the wheel**.

위 대화에서 A는 사고 당시 누가 운전하고 있었냐고 물어보고 있고, B는 내가 하고 있었는데 우리 형이 내가 운전하길 원해서 그랬다고 답하고 있다.

A에 나온 was behind the wheel은 '운전하고 있다'는 상태 표현이고, B에 나온 take the wheel은 말 그대로 '운전대를 잡는' 모습이다. 두 가지 모두 the wheel이 쓰였다. '바퀴'로 알고 있는 단어 wheel에 정관사 the가 붙어 다른 의미로 사용되는 경우이다.

 방금 단복수 문장 몇 개와 정관사 the를 간단하게 살펴봤다.

시험을 위한 지식 영어는 이렇게까지 들어가지 않는다. 지식 영어의 목적은 답을 고르는 것이기 때문이다. 하지만 언어 영어는 이 정도까지 들어간다. 실전을 위한 언어 학습이기 때문이다.

언어 영어는 이런 섬세함을 좋아한다. 언어 영어의 묘미는 이런 세세한 것들을 알아가는 데 있다. 영화나 드라마를 보면 대사 속에 나오는 단어의 미묘한 차이로 사랑이 깨지고 오해가 풀리는 경우가 흔히 나온다. 몇 년 동안 들은 팝송이지만 그 가사의 의미를 알고 듣는다면 그 느낌이 달라질 수 있다. 영어로 쓰인 소설을 읽다가 웃음이 나올 수도 눈물이 나올 수도 있다. 시험을 위한 지식 영어에서는 불가능한 일들이다.

영어를 좋아하려면 언어 영어의 세계로 넘어와야 한다. 암기와 시험, 평가, 칭찬과 꾸중 정도로만 알았던 영어에 '재미'가 끼어들 틈을 주려면 빨리 언어 영어의 세계로 넘어와야 한다. 빠르면 빠를수록 좋다.

{ 영어를 잘하려면

언어는 '기다림'이다.
꾸준히 반복하고 기다리면서 배우는 것이다.
"영어 10년 했는데 달라진 게 하나도 없어!"
사람들은 이렇게 말하며 화를 낸다.
하지만 우리는 영어를 10년 동안 하지 않았다.
단지 '영어를 처음 접한 게 10년 전'일 뿐.
아무 노력도 없이
기다리기만 하는데 영어가 늘 리 없다.

1 아기가 "엄마"라는 말을 제대로 하는 데 거의 1년이 걸린다. 어린 나이에 (제한된 범위의) 2개 국어를 하는 사례도 있지만, 어린아이가 어른의 어휘나 전문 용어를 써 가며 말하는 경우는 없다. 아무리 천재라 해도 어린 나이에 후대에 남을 만한 문학 작품을 집필하는 경우는 없다.

언어의 가장 커다란 특징은 절대적인 시간이 필요하다는 것 아닐까? 언어는 경험의 결과물이기 때문이다. 삶의 경험을 바탕으로 나오기 때문이다. 그렇다. 언어는 '기다림'이다.

어떤 단어나 표현을 한 번 접했다고(노출) 바로 내 것이 되지는 않는다. 금세 까먹게 마련이다. 또 다른 노출을 통해 머릿속에 들어오고 또 까먹는다. 다시 들어오고 또 까먹고. 이 과정이 계속 반복된다. 이런 반복을 통해 우리 머릿속에 서서히 새겨진다. 우리의 현재 언어 능력은 모두 이렇게 시간을 두고 만들어진 것이다.

아기는 '엄마'라는 단어를 위해 1년을 바친다. 내 것이 되기까지 가장 오래 걸린 단어가 '엄마'일지 모른다. 그렇게 오래 걸렸기에 '엄마'는 가장 소중한 단어이고 잊으려고 해도 절대 잊을 수 없는 단어이다. 언어는 꾸준히 반복하고 기다리면서 배우는 것이다.

2 하나의 단어나 표현이 내 것이 되는 과정은 어떨까? 물론 '반복'이다. 반복적으로 수없이 접해야 하는데, 거기에는 조건이 하나 더 있다. 매번 다른 상황, 다른 문맥에서 접해야 한다는 것이다.

오늘 봤던 글을 내일 또 보며 외우는 건 별 의미가 없다. 마찬가지로, 오늘 정리한 단어장을 내일 펼치며 다시 반복하는 것도 별 의미가 없다. 어제에 이어 반복된 노출은 맞지만 이건 두 번의 노출이 아닌 한 번의 노출이나 마찬가지이다. 그러나 우리는 이렇게 보는 것도 두 번이라고 착각한다. 그래서 오늘 본 글을 내일 또 보고 모레 또 보는 우를 범한다. 이런 식이라면 몇 번을 보든 그냥 한 번에 불과하다. 이래서는 영어가 늘지 않는다.

지금 '내 것'이라고 할 때의 의미는 단순히 '안다'의 차원이 아니다. 그 단어나 표현이 필요할 때 곧바로 '할 수 있다'의 차원이다. 그 표현이 필요할 때 내 입에서 바로 나올 수 있을 정도의 '내 것'이라는 말이다. 지식의 차원에서는 대충 알아도 되지만 언어에서는 단순히 '안다'는 것은 별 의미가 없다. 단순히 아는 것으로는 필요할 때 바로 나오기 힘들기 때문이다.

3 지식 영어 학습자들이 제일 짜증 내는 일 중에 하나가, 분명히 외웠는데 며칠 지나면 기억이 안 나는 경우이다. 하지만 이건 당연한 현상이다. 단 한 번 보고 전부 기억하면 우리 머리는 터져 버릴지도 모른다. 인간은 망각의 동물, 기본적으로 기억을 못하는 동물이다.

지식 영어가 진짜 실력이라고 착각하기 때문에 각종 암기법이나 연상법이 인기가 높다. 시험의 세계에서는 그렇게 억지로 쑤셔 넣은 단어들이 도움이 된다. 그러나 실전의 세계에서는 단순 암기로는 턱도 없다. 수없이 많은 반복에 의해 자연스럽게 나의 일부가 되어 있어야 한다.

우리말을 한번 생각해 보자. 단어나 표현을 외우려고 시도했던 적이 있었나? 아니다. 그냥 반복 학습에 의해 자연스럽게 내 것이 된 것이다. 영어는 외국어이기에 당연히 우리말보다 그 과정이 쉽지 않다. 하지만 '언어'라는 관점에서 보면 우리말과 영어의 학습법이 다를 수는 없다.

"어? 이 단어 지난번에 본 건데 뭐였더라?"

지식 영어를 하는 사람들이 이렇게 말할 때는 '짜증'의 말투이다. 자신의 머리를 탓한다. 외우고 또 외워도 안 된다며 애먼 영어 욕을 해댄다.

"어? 이 단어 지난번에 본 건데 뭐였더라?"

언어 영어를 하는 사람들이 이렇게 말할 때는 '기쁨'의 말투이다. 이렇게 말할 때마다 그 단어나 표현을 한 번 더 반복해서 접했다고 생각하기 때문이다. 중요한 건 '반복'이다. 반복을 하면 할수록 그 단어나 표현은 점점 더 내게 가깝게 다가오고 있는 것이다.

지식 영어는 기다리지 못한다. 매일 같은 것을 반복하면서 외운다. 기억이 안 나면 짜증을 내면서 학습법을 의심하고 자신의 노력과 머리를 탓한다. 언어 영어는 기다린다. 매일 다른 것을 접할 뿐 다른 노력은 별로 없다. 나중에 기억이 안 나면 다시 찾아보면 된다. 그뿐이다. 오히려 그런 확인 횟수가 많을수록 영어 실력은 늘고 있다고 확신한다.

반복 학습은 어떻게 하느냐가 중요하다. 매일 하나만 붙들고 반복하는 것은 시간 낭비일 뿐이다.

 영어가 늘지 않는 원인은 참으로 다양하다. 영어를 지식이나 시험 과목으로 대하기 때문일 수도 있고, 진짜 학습법에 문제가 있을 수도 있다. 그러나 가장 큰 원인 중 하나는 우리가 영어를 그렇게 많이 보지 않았다는 사실이다. 우리는 영어를 어렸을 때부터 봤으니 꽤 많이 봤다고 생각한다. 그러고는 "10년, 20년 영어 했는데 실력이 늘지 않는다"라고 불평한다.

그런데 정말 그렇게 오래 영어를 공부한 걸까?

10년 전에 썼던 책「10년 내내 초보인 당신을 위한 오성호 영어책」에 나왔던 내용의 일부를 압축해 다시 소개한다.

영어는 반복하면서 기다리는 것이라고 말을 하면 사람들은 "영어 10년 했는데 뭐 달라진 게 하나도 없어!"라고 화를 낸다. 들인 노력에 비해 영어만큼 결과가 안 나오는 것도 없다는 억울함이 느껴진다.

보통 10년이라고 말하는 사람은 대학생이다. 이렇게 말하는 사람치고 진짜 10년 동안 영어를 공부한 사람은 없다. 하루는 24시간. 잠자고 밥 먹는 데 들어가는 10시간 정도는 빼고 계산해 보자. 하루를 14시간으로 계산하면 10년은 51,100시간. 10년 동안 하루에 한 시간씩이라도 꾸준히 했을까? 하루에 한 시간, 별거 아닌 것처럼 보이지만 문제는 10년을 꾸준히 했느냐의 여부이다. 꾸준히 했다고 해 봐야 3,650시간밖에 안 된다. 그럼 152일 조금 넘으니까 한 5개월 정도인 셈이다.

좀 더 현실적으로 따져 보자. 하루에 한 시간이 아니라 30분씩 매일 했다고 하면 1,825시간이고, 30분 하는 것도 하루 건너뛰며 했다면 약 900시간 정도가 된다. 900시간이면 38일 정도인데, 10년이 졸지에 38일이 되어 버렸다. 이는 한 달 조금 더 되는 기간에 불과하다. (억울한 사람은 1,825시간으로 계산해 보면 그래 봐야 76일, 두 달 반 정도이다.)

우리는 영어를 10년 동안 하지 않았다. 단지 '영어를 처음 접한 게 10년 전'일 뿐이다.

영어는 기다려야 늘지만, 계속 영어를 접하고 여러 노력을 하면서 기다릴 때야 비로소 실력이 는다. 아무 노력도 하지 않고 그냥 기다리기만 하는데 영어가 늘 리 없다. 아무것도 하지 않고 지나간 기간은 그냥 지나간 것이다. 그 기간은 영어 실력 향상과는 아무 관련이 없다.

아이가 영어를 잘하기를 바라는 부모라면

우리말을 가르칠 때는 '부모'이지만
영어를 가르칠 때는 '학부모'가 되어 버린다.
아이가 영어를 잘하길 바란다면
부모가 조급해지면 안 된다.
영어를 잘하게 만들려고 하지 말자.
아이가 영어를
좋아하게 만들면 된다.

1 아기가 '엄마'라는 말을 제대로 하는 데 거의 1년이 걸리지만, 엄마는 그 기간을 단축시키려고 아기를 다그치지 않는다. 그 이후에도 마찬가지로, 아이가 말을 배워 가는 과정을 이해하며 기다린다. 어제 가르쳐 준 단어를 오늘 시험 보며 다그치지 않는다. 그러다 어느 날 갑자기 아이의 말문이 트인다. 기다린 보람이 있다.

하지만 영어 학습에 있어서는 기다리지 못한다. 우리 사회와 학교, 선생이 다그치는 것도 모자라 우리말을 가르칠 땐 차분히 기다려 주었던 부모까지 조급하게 아이들을 다그친다.

자녀 교육에 관심이 많은 부모는 아이를 영어 유치원에 보내기도 한다. 아이가 아는 단어 수가 늘어나는 것을 보며 뿌듯해 한다. 주니어 토플을 공부하는 초등학생 아이는 엄마 아빠도 모르는 어려운 단어를 알고 있다. 이런 모습을 본 부모는 "와! 나보다 낫네. 우리 아이 앞으로 영어 잘하겠는데!" 하고 생각할지도 모른다.

조급한 부모는 아이가 어제 배운 내용을 기억하고 있는지 물어본다. 오늘 배운 내용도 오늘이 가기 전에 암기시키고 내일 또 물어본다. 내일 배울 내용도 같은 과정을 반복한다. 학교도 상황은 비슷하다. 어제 배운 것을 오늘 시험 본다. 그러나 내일이 되면 다 까먹는다. 오늘 배운 것은 내일 시험 본다. 모레가 되면 다 까먹는다. 그 다음날 다시 시험을 보지만 그 다음다음 날 또 까먹는다.

우리는 모래 위에 성을 쌓고 있다. 어차피 계속 무너질 성인데 혹시나 하는 기대감에 계속 쌓고 있는 것이다.

영어 공부를 할 때는 왜 기다리지 못할까? 우리말 학습 과정과 뭐가 다르기에 다들 그렇게 조급한 걸까?

영어를 언어가 아닌 지식, 즉 의사소통의 수단이 아닌 평가 기준의 잣대로 보기 때문이다. 영어를 못하면 뒤처지는 아이로 인식되는 상황에서 성과가 나오기를 느긋하게 기다릴 수 있는 부모는 거의 없다. 조급해진 부모는 '암기-시험-암기-시험'의 사이클을 강요한다.

단어는 말을 배워 가는 과정에서 필요하기 때문에 하나씩 익혀 가는 것이지, 미리 잔뜩 쌓아 놓고 한꺼번에 외우는 게 아니라고 했다. 절대적인 단어의 개수만 늘리는 것은 별 의미가 없다. 무슨 단어인지, 어디에 쓰이는지 경험도 없는 상태에서 그 단어가 머릿속에 남아 있을 리 없다. 암기하고 까먹는 현상이 되풀이되는 이유이다.

상황에 필요한 말, 즉 문장을 만들어 보려는 노력을 하는 것이 언어 학습이다. 우리말을 배울 때도 그렇지만 언어 실력은 금방 늘지 않는다. 단어 몇 개를 외우는 차원이 아니기 때문이다. 수많은 문장을 수없이 반복하면서 조금씩 자기 것으로 만들어 가기 때문에 시간이 걸릴 수밖에 없다.

영어를 지식의 차원으로 보니 실력이 잘 늘지 않으면 불안해진다. 아이의 머리가 나쁜 건 아닌지 걱정된다. 그러고는 조금이라도 성과가 빨리 나오는 암기법이나 학습법을 찾아 나선다. **우리말을 가르칠 때는 '부모'이지만 영어를 가르칠 때는 '학부모'가 되어 버리는 엄마 아빠들이다.**

부모들이 조급해지는 이유가 몇 가지 더 있다.

우선 영어 실력이 는다는 것이 무엇인지 잘 모른다. 영어 실력이 늘면 뭐가 어떻게 바뀌는 건지도 잘 모른다. 안타깝지만 자신의 영어 실력이 늘어 본 적이 없기 때문이다.

부모 자신이 영어를 지식이라고 생각하고 항상 쫓기듯 암기에 시달리며 영어를 배웠다. 그러니 자신이 했던 방식대로 단어 암기가 우선이라고 생각한다. 무엇을 어떻게 해야 하는지 잘 모르니 우선 단어 암기부터 시키고 본다. (다시 말하지만, 단어는 말을 배워 가는 과정에서 필요하기 때문에 하나씩 익혀 가는 것이지 미리 잔뜩 쌓아 놓고 한꺼번에 외우는 게 아니다.)

또한, 우리말과는 달리 영어는 부모가 직접 가르쳐 줄 수 없다는 점도 크게 작용한다. 직접 영어를 가르칠 자신이 없기에 우리는 아이의 영어 교육을 전적으로 외부에 위탁한다. 영어 유치원에 보내고, 초등학교 영어 수업에 의존한다. 우리말을 가르칠 때와는 달리 영어 학습에서는 부모가 할 수 있는 역할이 별로 없기에 그만큼 더 불안해진다. 그래서 주변에서 하는 이런저런 말에 휘둘릴 수밖에 없다.

심지어 아이가 영어를 못하는 것이 자신 때문이라고 생각하는 부모도 있다. 영어를 못하는 자신의 유전자를 물려받아서 아이에게 '영어 머리'가 없다는 것이다. 이러면서 아이에게 미안하게 생각하는 부모. 이건 정말 지나친 비약이다. 아이를 생각하는 마음은 알겠지만 전혀 말도 안 되는 주장이다.

부모가 영어를 못하는 일차적인 책임은 학교 교육이다. 우리 모두 같은 영어 교육을 받았기에 다 같이 영어를 그렇게 잘하지 못한다. 누구의 탓도 아니다. 지금 학생들 역시 과거와 같은 교육을 받고 있다.

이대로 가면 이 학생들도 영어를 잘하긴 힘들 것이다.

조급해지는 가장 큰 이유는 따로 있다. 바로 대학 입시인 수능 시험이다. 유학을 가거나 수능 시험을 보지 않을 학생들의 부모에겐 수능이 별것 아닐지 모르겠지만, 대다수 부모에겐 아직도 수능 시험이 차지하는 비중이 상당히 크다. 영어를 어렸을 때 제대로 해놓지 않으면 나중에 대학 갈 때 힘들지 모른다고 걱정한다.

사람이 여윳돈이 없으면 당장 눈앞의 걱정밖에 할 수 없다. 다음 달 생활비가 없는데 미래를 꿈꿀 수는 없는 노릇이다. 우리 영어 학습이 이런 모습이다. 항상 눈앞의 걱정밖에 못한다. 내일 단어 시험, 다음 달 중간고사, 몇 달 후 기말고사, 외부 모의고사. 이렇게 단기적인 시험에 치이며 살아가는데 아이의 미래를 위해 장기적인 관점에서 영어 학습을 생각하는 것은 현실적으로 거의 불가능하다.

그래도 생각해야 한다. 학부모가 아니라 부모로 돌아가 생각해야 한다. 심호흡을 한번 깊게 해 보자. 그리고 한 번만 다시 생각해 보자. 진정으로 아이를 위한다면 무엇을 어떻게 해야 할지를.

 ## 아이가 영어를 잘하길 바란다면 부모가 조급해지면 안 된다.

영어 유치원을 예로 들어 보자. 일단, 영어 유치원 수업에 너무 큰 기대는 하지 말자. 아이들이 영어에 흥미와 관심을 갖게 해 주는 기회 정도로 생각해야 한다. 영어에 대한 노출을 늘릴 수 있는 기회이고, 여러 놀이를 통해 영어와 친해질 수 있는 기회일 뿐, 큰 기대와 욕심은 금물이다.

그러나 앞서 말한 이유 때문에 조급해지는 부모가 있다. 조급해지면 욕심을 부리게 마련이다. 다른 아이와 우리 아이를 비교하기 시작한다. 노출과 놀이를 위해 보낸 유치원 수업에서 학습 효과를 따지기 시작한다. 다른 유치원 수업과 비교하면서 지금 다니는 유치원은 너무 설렁설렁 한다며, 숙제를 내 주고 단어 시험을 보는 이른바 '빡센' 유치원으로 옮긴다.

이렇게 되면 영어 유치원을 다니지 않는 편이 훨씬 낫다. 아이의 '영어 혐오', '영어 기피' 현상이 중학교가 아닌 유치원에서부터 시작되는 꼴이기 때문이다. 잘못 끼운 생애 첫 영어 단추가 두고두고 아이를 힘들게 할지 모른다. 이 단추는 부모 마음속의 조급함의 결과이다.

영어를 잘하게 만들려고 하지 말자. 아이가 영어를 좋아하게 만들면 된다. 좋아하게 만들 수만 있으면 공부를 스스로 하게 되기 때문이다. 다양한 방법으로 '영어는 재미있는 것'이라고 아이가 느끼게 해줘야 한다. 이런 느낌이 전혀 없이 중학생이 되어 영어 시험의 세계에 발을 들여놓으면 '영어 = 시험, 공부, 암기, 지식'이라는 생각에서 영영 벗어나지 못한다. 평생 영어 스트레스로 가는 길이다.

영어는 원래 재미있는 것인데 학교에서 재미없게 만든다고 생각하는 아이와, 영어는 원래 재미없는 것이라고 생각하는 아이의 차이는 크다. 원래 재미있는 것이라고 생각하는 아이는 중고등학교 수업과는 별도로 자신의 방식대로 영어를 계속 접해 갈 가능성이 높다. 이렇게 **자신만의 영어 세상이 있는 아이는 나중에 영어를 잘할 수밖에 없다.** 해외 경험 없이 국내 학습만으로 상당한 경지에 오른 사람들의 특징이 바로 이것, 즉 자신만의 영어 세상이 있었다는 점이다. 영화나 미드를 보며 영어를 계속 접하거나, 패션이나 음악 분야의 전문 잡지를 구독해 보기도 하고, 좋아하는 스포츠 중계를 보면서 영어의 끈을 놓지 않는다.

이렇게 영어 노출을 유지하는 동안 영어의 '틀'이 형성되고 '감'이 늘게 된다. 암기로 쑤셔 넣은 영어 지식은 시험 점수를 통해 곧바로 그 효과가 보이지만, 이런 '감'과 '틀'은 당시에는 드러나지 않는다. 10대 때 익힌 '감'과 '틀'은 고등학교를 졸업해 시험 영어에서 벗어나 자기 소신대로 영어 학습을 하는 과정에서 비로소 그 진가가 나타나기 시작한다.

열 살짜리 영어 원어민 아이도 열 살 때까지는 영어 실력이 크게 늘지 않는다고 했다. 영어 나이 열 살의 우리 학생들도 처음 10년간은 실력에 큰 변화가 없다. 부모는 이 기간을 참고 기다려야 한다. 아이들이 우리말을 배울 때 참고 기다려 주었듯이 말이다.

4 아이가 영어를 좋아하게 만드는 방법 중 최선은 '책'이다. 지금 말하는 책은 '학습 교재'가 아니라 아이들이 부담 없이 넘겨 볼 수 있는 그림책이나 동화책 같은 '읽을거리'를 말한다. 아이가 책을 보는 것에 대해 반감을 갖는 부모는 없을 것이다. 책이 아이의 발달 과정에 도움이 된다는 것에는 모두들 동의한다. 한글 학습 때와 마찬가지로 영어 학습에도 책은 필수이다.

외국 경험 없이 특출 나게 영어 실력이 뛰어나 화제가 되는 아이들이 가끔 신문이나 방송에 소개된다. 그 아이들의 공통점은 '책'이다. 그 아이들에게 영어는 재미있는 놀이이다. 영어 동화책이 장난감이었던 것이다. 또 하나의 공통점은 어떻게 하라고 부모가 크게 관여하지 않는다는 점이다.

아이가 몇 살 때 어떤 영어책을 사 줘야 좋을지, 그리고 어떻게 그 책을 읽게 만들지가 고민이다. 부모 자신이 영어 그림책이나 동화책을 본 경험이 거의 없으니 어떤 책을 사 줘야 할지 막막하다. 답답한 마음에 육아나 영어 교육 관련 인터넷 카페에 가 보면 선배 부모들이 올려놓은 글들이 많이 있다. 어떤 책이 재미있고, 어떤 책은 지루하고, 어떤 책은 너무 금방 끝나고 등등 참 다양한 이야기가 올라와 있다. 여기서도 조급해지면 안 된다. 조급하면 이런 글에 혹하기 쉽다.

영어를 지식이나 공부로 생각하면 책을 고를 때 아무래도 효율을 먼저 따지게 된다. 그 책이 영어 실력 향상에 도움이 되는지 여부가 최대 관심사가 된다는 뜻이다. 영어의 재미를 느끼기 위해 보는 '읽을거리'가 아니라 효율적인 '학습 교재'를 찾게 되면 다시 암기, 지식, 학습의 세계로 돌아가게 될 가능성이 높다.

책을 보며 놀 사람은 엄마가 아니라 아이다. 책을 보며 놀 사람은 인터넷 카페에 책 후기를 올린 그 부모도 아니고, 그 집 아이도 아니다. 내가 사 줄 책을 읽을 사람은 내 아이다. 따라서 어떤 책을 사야 할지 결정은 당연히 내 아이가 해야 한다. "애가 뭘 알겠어? 엄마가 골라 줘야지" 하지 말자. 엄마도 잘 모른다.

어린이 영어책을 접할 수 있는 전문 서점이나 주변 도서관에 가서 아이들을 풀어놓자. 그리고 아이에게 마음에 드는 책을 고르게 하면 된다. 아이는 가만히 있으라고 하고 엄마가 책을 고르는 게 절대 아니다.

"이 책 샀다가(빌려 왔다가) 안 읽으면 어쩌지?" 이런 걱정이 들 수도 있다. 안 읽으면 안 읽는 거다. 책은 책꽂이에 꽂혀 있는 자체만으로 빛을 발한다. '책은 인연'이라는 말도 있다. 읽을 책은 지금 당장이 아니어도 언젠가는 읽게 되어 있다. "이 책을 끝까지 제대로 볼 수 있을까?" 이런 생각이 들면 평생 책 한 권도 못 살 수 있다.

영화 속에서 의미를 찾으려는 평론가보다는 재미를 찾으려는 관객이 더 편한 마음으로 영화를 볼 수 있다. 영어책을 살 때는 평론가가 아닌 관객이 되어 보자.

끝까지 다 읽으면 다행이고, 중간까지 보고 안 보면 책꽂이에 꽂아 놓았다가 나중에 인연이 되었을 때 다시 꺼내어 읽어 볼 거라 생각하자. 오랜 시간이 지났는데도 안 본다면 중고서점에 팔 수도 있다고 부담 없이 생각하면 된다.

아이의 책 선택을 믿자. 중요한 것은 학습이나 실력 향상이 아니다. 중요한 것은 노출, 흥미, 관심, 재미이다. 당연히 아이의 선택이 답이다. 부모가 일방적으로 강요한 책이 아니기에 아이는 그 책이 자신의 기대에 못 미치더라도 바로 포기하지는 않는다. 읽을 수 있을 때까지 읽어 본다. 자신의 선택이었기 때문이다.

어떤 책을 끝까지 읽지 않는다고 너무 안타깝게 생각하지 말자. 아이가 책을 보는 목적은 그 책을 끝내기 위함이 아니다. 책을 통해 영어라는 외국어를 접하는 것이 목적이다. 중간까지 읽고 안 읽어도, 그 중간까지 읽어 오는 과정 내내 아이는 영어의 세계에 살았던 것이다. 그럼 된 거다.

자신이 선택한 책을 부모가 시키지 않았는데 자발적으로 읽고 있는 아이. 이 아이는 앞으로 영어를 잘할 수밖에 없다.

 부모의 영어 실력 때문에 아이가 집에서 영어책을 보는 것을 부담스럽게 생각하는 경우도 있다. 부모 자신이 영어 공부를 하지 않았기에 영어라면 거부 반응부터 보이는 것이다. 그런 부모들은 영어 교육을 전적으로 외부에 맡기며, 유치원이나 학원의 시험 점수에 더 민감하게 반응한다.

자신이 영어 교육에 관여하지 않기에 아이의 영어 실력이 정체를 보이면 더 답답해 한다. 유치원이나 학원에서 제대로 가르치고 있는 건지 의심하고, 성과를 더 빨리 보여 주는 유치원이나 학원으로 옮기기도 한다. 이 결정이 아이의 의사와는 전혀 상관없이 전적으로 부모의 욕심이나 조바심 때문이라면 아이가 앞으로 영어를 잘할 가능성은 거의 없다.

아이의 영어 교육에서 중요한 것은 '학습을 통한 실력 향상'이 아니다. 영어권 원어민 아이들과 마찬가지로 이 시기에는 영어에 노출되고 영어를 즐기며 영어에 대한 좋은 인상을 받는 것이 중요하다. 그러니 이 시기에는 사실 부모가 직접적으로 관여할 것은 거의 없다. 아이가 원하는 것을 구해 주고, 영어를 접할 수 있는 환경을 만들어 주기만 하면 된다.

부모가 영어에 익숙하지 않다고 아이가 집에서 영어 동화책을 보는 것을 두려워하지 말자. "책을 읽다가 모르는 것이 있어서 나한테 물어보면 어쩌지?" 하는 생각이 들 수도 있지만, 아이가 이 시기에 하는 질문은 그렇게 어렵지 않다. 그리고 정확한 해설이나 설명을 요구하는 것도 아니다. 아이는 다른 놀이와 마찬가지로 영어 놀이도 부모와 같이 하고 싶을 뿐이다.

잘 몰라서 미안한 생각이 들면 부모도 사전을 찾으며 같이 학습하는 시간을 갖는 것도 좋다. 아니, 좋은 정도가 아니라 적극 권한다. 부모 자신의 삶을 위해서도 영어에 조금씩 도전해 보는 것이 좋고, 그 출발점은 시사 잡지나 CNN 뉴스같이 어려운 것이 아니라 아이들이 보는 동화책이 되는 것이 바람직하다. 부모도 영어를 새롭게 시작하고 동시에 영어를 통해 아이와 교감할 수도 있다. 믿기지 않겠지만 최고의 생활영어 교재는 아이들 동화책이다. 영어를 새롭게 하고 싶은 부모는 괜한 돈 들여서 따로 교재를 사고 강좌를 들을 필요가 없다. 아이가 보는 동화책을 같이 읽자. 그 효과는 보장한다.

이제는 영어 얘기만 나오면 "엄마 아빠는 잘 모르니 선생님한테 물어봐" 하는 식으로 넘어가지 말자. 실력이 부족해도 영어를 놓고 아이와 대화를 나누며 함께하는 모습을 보여 주자. 이 시기에 아이가 원하는 것은 함께하는 부모이지 영어 잘하는 부모가 아니다.

 중학교 이전 시기에 부모가 해 줄 수 있는 최선은 '영어는 재미있는 것'이라는 생각을 아이에게 심어 주는 것이라고 했다. 그럼 중학교에 들어간 이후에는 어떨까?

주변의 경험과 지금까지 상담한 내용을 근거로 판단해 보면 아이가 원하는 대로 가는 것이 정답인 것 같다.

장기적인 관점에서 영어를 올바른 방식으로 접하고 배워 갔으면 하는 바람이 부모에게 들 수 있다. 그런데 그 방식을 아이가 싫어하면 어쩔 수 없다. 시험만을 위한 공부는 진정한 영어 학습이 아니라고 부모가 말해 봐야 소용없다. 주변 친구들이 하는 대로 단어를 암기하고, 내신에 신경 쓰고, 학원을 다니며 영어 공부 하는 것이 아이 입장에서 마음이 편하면 그렇게 하는 것이 답이다. (물론 이렇게 하지 않도록 영어 교육을 바꾸는 것이 궁극적인 해결책이다.)

시험을 위한 지식 영어는 암기에 의한 단기적인 승부이기에 억지로 시킬 수 있지만, 실전을 위한 언어 영어는 반복 노출에 의한 장기적인 노력이 필요하기에 억지로 시키는 것이 불가능하다.

반대의 경우도 있다. 아이가 학교 영어보다는 자신의 영어 세계에 빠져 있는 경우이다. 정말 드문 경우이나 만약 자신의 아이가 이런 모습을 보인다면 적극 밀어 주자. 학교 공부에 방해된다고 못하게 하지 말자. 영어가 좋아 영어에 빠져 있는 아이들에게 학교 시험은 사실 그렇게 어려운 존재가 아니다. 물론 시험공부를 안 하면 점수가 잘 안 나올 수는 있다. 그러나 그 안 나오는 점수조차도 그렇게 낮은 점수는 아니다. 이런 아이들이 마음 먹고 시험공부를 조금만 해 주면 학교 내신 올리는 것은 그렇게 어렵지 않다. 물론 수능 영어 점수도 쉽게 올릴 수 있다. 그러니 무조건 "이상한 영어 공부 하지 마"라고 소리치지 말자.

둘 다 잘하는 쪽으로 아이를 유도하는 것이 현실적인 최선책일 것이다.

7 이 책은 영어 교육에 관한 언급만 하고 있지만, 우리 교육의 전반적인 모습도 이와 크게 다르지 않다. 이런 교육 세태에 환멸을 느껴 외국으로 나가는 가정이 늘고 있기도 하다.

모든 것이 대학 입시에 맞춰진 삶. 아침에 눈뜬 후 밤에 잠잘 때까지 어른들이 정해 놓은 하루를 한 치의 오차도 없이 살아가야 하는 우리 아이들. 개성이나 창의성을 위한 공간은 아이들의 하루 시간표에 없다. 계속되는 시험 속에서 점수 하나만을 보고 살아가는 아이들. 이런 교육에 아이를 맡기고 싶지 않아 모든 것을 접고 교육 하나만을 위해 다른 나라에서 새로운 삶을 시작하는 부모들.

그러나 대부분의 부모는 현재의 상황과 타협한다. 교육 제도의 변화는 원하지만, 한편으로는 너무 커다란 변화가 급격하게 발생하는 것은 원하지 않는다. 자신의 아이에게 당장 영향을 미칠 수 있기 때문이다. 그래서 이상적인 교육과는 거리가 있다고 생각하지만 현실적인 제약을 극복하지 못하고 부모들은 오늘도 아이를 점수판으로 밀어 넣고 있다. 그러고는 그 치열한 경쟁에서 아이가 잘 살아 돌아오기를 바랄 뿐이다.

대학 입시 하나만을 염두에 둔 교육이 언제쯤 바뀔 수 있을까? 교육을 정상화한다는 취지로 몇 년마다 새로운 정책이 나오기는 한다. 하지만 교육이 대학 입시의 노예로 있는 한 어떤 정책이 나와도 아이의 교육을 위한 이민이 줄어들 것 같지는 않다. 교육이 바뀌려면 대학의 역할과 대졸자의 능력에 대한 사회적 인식이 먼저 달라져야 하지만, 너무 먼 얘기처럼 들린다. 오늘도 우리 아이들은 영어를 비롯한 모든 과목에서 다람쥐처럼 쳇바퀴를 굴리고 있다.

진짜
실력이란?

Part 2

열심히 해서 영어 시험 점수를 올렸다
하지만 왠지 그 점수에 믿음이 안 간다
몇 달 열심히 하면 올릴 수 있는 점수
몇 달 만에 다시 내려갈 수 있다는 말도 된다

점수가 만점에 가까운 사람도 불안하기는 마찬가지이다
노래 실력은 그렇게 뛰어나지 않은데
노래방 점수 98점 나올 때의 느낌과 비슷하다

남들은 내 영어 점수만 보고 대단하게 생각할지 모른다
그러나 본인은 자신의 실력이
그 정도가 아니라는 것을 잘 안다
그래서 늘 찜찜하다

내 실력은 어느 정도일까?
점수 아닌 다른 방법으로
내 실력이 늘고 있음을 어떻게 알 수 있을까?
시험을 멀리하는 언어 영어에서 보는 '실력'은
과연 어떤 것이고
그 실력은 어떻게 평가할까?

정체기와 하락기, 그 이후 급상승기

언어 영어는 정체기가 있다가
어느 순간 실력이 급상승하곤 한다.
영어 제대로 해 보겠다고 열심히 하는데도
실력은 제자리라고 실망하지 말자.
실력이 늘지 않는 것처럼 보일 뿐
실력이 본격적으로
오를 준비를
하고 있는 것이다.

시험 영어는 선생과 학생 모두 열심히 하면 아래 그래프처럼 영어 점수가 오른다.

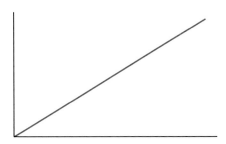

노력한 만큼 결과가 바로 나온다. 깔끔하다. 그러나 **언어 영어**는 노력한 만큼 결과가 바로 나오지 않는다. **언어 영어**가 인기 없는 이유이기도 하다.

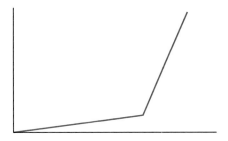

언어 영어에는 항상 이렇게 정체기가 있다. 그러다가 어느 순간 실력이 급상승하곤 한다.

아이들이 우리말을 배울 때의 모습도 비슷하다. 단어만 나열하던 아이가 어느 날 갑자기 문장을 만들기 시작하고, 새로운 단어가 입에서 나오고, 늘 정신없이 자기 말만 하던 아이가 나름 차분하게 논리적으로 말하는 모습을 보여 준다. 방금 '어느 날 갑자기'라고 말했지만, 아이의 실력이 '그날 갑자기' 좋아진 것은 물론 아니다. 항상 주변의 말과 글에 관심을 갖고 혼자 꾸준히 연습해 온 결과이다. 그 기간이 사람들 눈에는 실력의 정체기로 보일 뿐이다.

언어는 원래 누가 옆에서 단번에 모든 것을 가르쳐 주는 것이 아니다. 시간을 두고 스스로 하나씩 터득해 가는 것이고, 언어 실력은 개인적인 경험의 결과물이다. 삶의 경험이 각 개인의 언어 실력 바탕에 깔려 있다.

영어 공부를 제대로 해 보겠다고 다짐하고 열심히 하는데도 실력은 제자리라고 실망하지 말자. 실력이 금방 늘지 않고 있다면 영어 학습을 제대로 하고 있다는 뜻이다.

2 정체기는 다음 도약을 위한 준비 기간이다. 영어를 계속하는 한 정체기는 여러 차례 찾아온다. 매번 긍정적으로 생각하자. "아, 내 영어 실력이 더 올라가려고 준비하는구나" 이렇게 말이다.

안타까운 것은, 대부분이 이 정체기를 견디지 못한다는 사실이다. 시험 영어에서는 공부하는 만큼 점수가 나왔는데 언어 영어에서는 열심히 해도 더 좋아지는 느낌이 잘 안 들기 때문이다. "내 공부 방법이 잘못됐나?", "얼마나 더 이렇게 해야 하지?", "이렇게 해서 늘긴 느는 거야?" 단기적인 성과에 집착하는 시험 영어 습관이 없어지지 않아 드는 생각들이다. 이렇게 초조하니 모르는 게 나왔을 때 새로운 것을 알게 됐다고 좋아하고 매일 하다 보면 실력이 좋아질 거라고 생각할 수 있는 여유가 없다.

언어 영어는 '안다(know) or 모른다'의 차원이 아니라 '한다(do) or 못한다'의 차원이다. know 과정은 암기로 금방 될 수도 있다. 그러나 do 과정은 수많은 반복과 연습이 필요하다. 당연히 시간이 걸릴 수밖에 없다. 김치 담그는 법을 아는(know) 것과 실제 김치를 담글(do) 수 있는 것은 하늘과 땅 차이이다.

정체기인 것도 스트레스인데, 정체 정도가 아니라 실력이 떨어진 것 같은 느낌이 들기도 한다. 영어 공부를 꾸준히 열심히 하고 있는데 실력은 떨어진다니……. 하지만 이건 좋은 현상이고 아주 바람직한 것이다. 물론 '꾸준히 열심히 하고 있다'는 전제 하에 말이다.

시험 영어로 쌓아 놓은 영어 실력은 파도가 한 번 쓸고 지나가면 그냥 무너지는 모래탑과 같다. 겉으로는 그럴싸하게 보여도 기초 부분은 구멍이 숭숭 뚫려 있는 상태인 것이다. 토익에서 짐작으로 답을 맞혀 받은 점수는 실전으로 들어오면 다 무너지게 되어 있다. 시험에서는 '짐작'과 '대충'이 통하지만 실전에서 '짐작'과 '대충'은 영어를 못한다는 것과 같은 뜻이다.

'짐작 영어', '대충 영어'가 무너지면서 자신의 실력이 떨어진다는 느낌이 든다. 시험 점수가 높았던 사람일수록 이를 잘 받아들이지 못한다. 토익 LC 만점이라는 사람에게 약간 긴 문장 하나를 들려 주고 한 번에 적어 보라고 하면 제대로 적는 경우가 거의 없다. 크게 들리는 단어 몇 개 가지고 문장의 뜻을 짐작하는 정도의 실력밖에 안 되기 때문이다. 물론 그런 짐작으로 시험 점수는 나올 수 있다. 그러나 실전에서는 이런 짐작이 통하지 않는다.

시험 점수가 몇 점이었든 상관없이 영어를 제대로 공부하기 시작하면 실력이 내려가는 느낌을 받는 게 정상이다. 그래도 받아들이고 공부를 계속해야 한다. 그러나 자신의 예전 시험 점수를 잊지 못하고 중도에 포기하는 사람이 대부분이다. 심지어 토익 시험을 다시 보는 사람도 있다. 그러고는 높은 점수를 보며 혼자 만족한다. 구구단을 빨리 할 수 있다고 유치원 아이들 앞에서 자랑하는 격이다.

영어를 제대로 공부하면 실력의 정체기가 온다. 실력이 하락하는 느낌을 받을 수도 있지만, 그게 아니라 오히려 실력이 늘고 있는 것이다. 정체와 하락이 없다면 시험 영어식 암기 학습에서 벗어나지 못했거나 영어 공부를 제대로 하고 있지 않다는 것을 의미한다.

모래탑은 무너지는 게 정상이다. 무너진다고 생각하지 말고 숭숭 뚫려 있던 구멍을 메우는 거라고 긍정적으로 생각해 보자.

3 정체기와 하락기를 견디기란 생각만큼 쉽지 않다.

시험 영어일 때는 필요한 점수를 따기 위해서라도 그 시기를 견디며 계속할 수 있다. "원하는 점수만 나오면 된다. 원하는 점수만 따면 집에 있는 영어책을 다 버린다"는 식으로 생각하며 견디는 것이다. 그러나 언어 영어에서는 억지로 견디기가 쉽지 않다. '영어 제대로 해 보자'는 다분히 이상적인 목표만으로는 그 시기를 견디기 어려운 게 사실이다.

그 시기를 잘 이겨낼 수 있는 방법 두 가지를 소개한다.

- 자신이 좋아하는 주제의 영어를 접하자
- 어려운 영어는 나중으로 미루자

우리나라 뉴스도 안 보는 사람에게 CNN 영어 뉴스가 머리에 들어올 리 없다. 드라마는 시간 낭비라고 생각하는데 영어 공부 한다고 미드를 잡고 있어 봐야 오래 못 간다. 정치에 관심 없는 사람이 영어 시사 잡지를 볼 수는 없다. 영어가 어려워서 힘든 것도 있는데, 거기에 주제까지 자신에게 맞지 않으면 오래갈 수 있는 확률은 거의 없다.

게임을 좋아하면 게임 관련 영어 사이트에 있는 게시판 글을 읽으면 된다. 스포츠가 좋은 사람은 해외 스포츠 뉴스나 해당 외국팀 웹사이트에서 놀면 된다. 특정 배우를 좋아하면 그 배우가 나온 드라마나 영화 대본을 구해 보거나 그 배우의 자서전을 보면 된다. 메이크업에 관심이 있으면 유튜브에 올라와 있는 수많은 메이크업 동영상이 모두 학습 자료이다. 자신이 재미를 느끼는 학습 자료라면 시키지 않아도 스스로 찾아볼 가능성이 높다. 스스로 찾아서 할 정도가 되면 실력은 늘 수밖에 없다.

접하는 영어가 너무 어려워서도 안 된다. 우리 아이들에게 한국어를 가르쳐 주면서 실력을 빨리 늘리게 한다고 신문이나 뉴스를 강요하지는 않는다. 영어도 마찬가지로 기본에 해당하는 쉬운 것을 반복 숙달하는 것이 먼저이다.

모르는 단어가 없어야 한다고 생각하는 사람은 주로 어려운 것을 찾아서 공부한다. 어려운 학습 자료일수록 모르는 것이 많이 나오니 영어 공부에 도움이 된다고 보기 때문이다. 전형적인 시험용 지식 영어의 사고방식이다.

자신이 쉽다고 느끼는 것을 여러 번 접하며 반복 숙달하는 것이 먼저이다. "이거 다 아는 건데 공부가 될까?" 의심하지 말자. 어디서 한 번 들어서 알고 있는 것과 자신이 원하는 순간에 바로 나올 수 있을 정도로 알고 있는 것은 차원이 다르다. 우리는 후자를 지향해야 한다.

언어 영어는 알고 있는 것의 반복이 주를 이루기 때문에 실력이 빨리 늘지 않는다. 아니, 늘지 않는 것처럼 보일 뿐이다. 실력의 정체기를 실력이 본격적으로 오를 준비를 하고 있는 시기로 생각하기 바란다. 제발 정체기에 영어를 포기하지 않았으면 좋겠다.

완벽한 input, 읽기의 힘

열 살 원어민 아이가 10년 동안
주로 하는 것은 이해력(input) 훈련이다.
영어 공부도 이 아이들처럼 해야 한다.
input에 주력하는 것이다.
<u>꾸준하게 input을
할 수 있는 수단은
듣기보다는
읽기 쪽이다.</u>

They got nothing on you.
Nothing on you
Baby

Beautiful girls all over the world

They might say hi, and
I might say hey

I could be chasing
But my time would be wasted.

But you shouldn't worry
about
What
they say

Cause they
got nothing
on you
Baby

Nothing on
You Baby

1 시험 영어 그만하고 실전 영어를 하라고 하면 흔히 '회화'를 가장 먼저 떠올린다. 문법, 독해 위주의 시험 문제 풀이에서 실제 말을 해 보는 '말하기(회화)'로 옮겨 가라는 뜻으로 이해하는 것이다. 하지만 실전 영어를 꼭 '말하기'에 국한시킬 필요는 없다.

'말하기'에도 여러 종류가 있다. 초보 단계에서는 암기력만 있으면 충분하다. 교재 속 예문을 잘 외우면 어느 정도 되니 말이다. 그러나 실력이 올라갈수록 단순 암기만으로는 부족하다. 영어 전반에 대한 이해가 확실해야 한다.

말하기 실력이 일정 수준 이상 올라가지 않는 것은 영어 이해력이 부족하기 때문이다. 암기에만 의존하는 말하기 실력은 한계가 있다. 말하기가 제대로 되려면 먼저 이해력(읽기, 듣기)을 거의 완벽한 수준까지 올려야 한다. 열 살 원어민 아이가 10년 동안 주로 하는 것은 이해력(input) 훈련이다. 주변 아이들을 보자. 표현력(output; 말하기, 글쓰기)은 서툴지만 이해력(input; 읽기, 듣기)은 전문적인 지식이 필요한 경우가 아니면 거의 완벽하다.

영어 공부도 이 아이들처럼 해야 한다. input에 주력하는 것이다. output은 input의 기반 위에서 뽑아낼 수 있기 때문이다. input이 준비되어 있는 사람은 output 걱정을 크게 하지 않는다. 반면에 input 자체가 잘 안 되어 있는 사람은 output이 늘 불안하다.

나는 사람들에게 글을 많이 읽으라고 늘 말한다. 사방이 영어인 미국이라면 '듣기'라는 수단으로 input을 할 수 있지만, 우리 땅에서는 쉽지 않은 일이다. 꾸준하게 input을 할 수 있는 수단은 '듣기'보다는

'읽기' 쪽이다.

글은 너무 어렵지 않은 것이어야 한다. 안다고 생각하는 것을 여러 글에서 계속 반복해서 접해야 한다. 영어 기초는 그런 과정을 통해 조금씩 쌓인다.

 읽기, 듣기, 말하기, 글쓰기 능력 중에 가장 기본적인 것은 무엇일까?

네 가지를 가장 쉬운 것부터 순서대로 적으면 '읽기-듣기-말하기-글쓰기'이다. '읽기'가 가장 쉽다. 가장 쉬운 읽기가 제대로 안 되는 사람이 나머지 세 가지를 제대로 하기는 힘들다.

말하기, 글쓰기를 할 때는 우리 자신이 머리를 쓰고 고민해야 한다. 즉, 능동적인 언어 능력이 필요하다. 반면에 읽기, 듣기를 할 때는 상대가 머리를 쓰고 고민해야 한다. 수동적인 언어 능력 정도면 충분한 것이다. 읽기, 듣기는 짐작으로 어느 정도 가능하지만, 말하기, 글쓰기를 짐작으로 할 수는 없는 노릇이다. 때문에 읽기, 듣기보다 말하기, 글쓰기가 훨씬 더 어렵다.

읽기와 듣기 중에는 읽기가 더 쉽다. 듣기는 주변 소음이나 생소한 발음, 사투리 같은 변수 때문에 아는 내용도 이해하지 못할 가능성이 있다. 반면에 읽기에는 변수가 별로 없다. 종이에 적힌 글자에 무슨 변수가 있겠나? 종이가 찢어졌다면 모를까 읽기를 방해할 요소는 없다. 읽기가 안 된다면 그 이유는 본인의 실력 부족밖에 없다.

여기서 말하는 읽기 능력은 실시간 이해, 즉 읽고 바로 이해할 수 있는 능력을 말한다. A4 용지 한 장 분량의 글을 읽는 데 30분씩 걸린다면 그 사람은 읽기 능력이 부족한 것이다. 일정 시간 안에 답만 제시하면 되는 시험 영어에서는 실시간 이해가 결정적인 요소가 아니다. 그러나 실전 영어에서는 시간이 생명이다. 이해(input)나 표현(output)은 필요한 바로 그 순간에 할 수 있어야 의미가 있다.

언어는 '창작'이 아닌 '모방'이다. 우리가 현재 사용하고 있는 언어는 주변에서 접한 다른 이의 것을 모방해서 만들어 낸 결과이다. 모방을 하려면 일단 제대로 이해해야 한다. 이해력이 달리면 모방을 못한다. 따라서 이해력이 부족한 사람은 단순 이해 부족에서 그치는 게 아니라 표현 부족으로 이어진다.

시험 영어에서 언어 영어로 넘어오는 사람들은 대개 말하기에 치중한다. 하지만 말하기에 치중하면 일정 수준 이상으로 실력이 올라가지 않고, 암기로 가능한 정도의 수준에서 정체된다. 암기 수준을 초월하는, 즉 자기 혼자의 능력으로 말하기, 글쓰기를 하려면 '완벽한 input'이 필수이다. input(이해) 중에 읽기를 더 강조하는 이유는 두 가지이다. 우리 땅에서 영어를 꾸준히 접하는 데에는 듣기보다 읽기가 더 수월하다는 것이 첫 번째 이유이다. 두 번째 이유는 지금 말한 것처럼 읽기가 가장 기본적인 능력이기 때문이다. 기본이 안 되는데 그 다음이 잘 되기는 거의 불가능하다.

 "점수 없이 영어 실력이 느는지 어떻게 알죠?"
가장 쉽게 알 수 있는 것이 '읽기 능력'이다. 읽기 능력이 느는 것에는 두 가지 측면이 있다.

실제 실력은 아직 좋아지지 않았지만 영어로 된 글에 대한 부담이 줄어드는 것이 첫째다. 해외 사이트인 줄 모르고 봤는데 페이지를 열고 보니 영어가 나올 때의 느낌. 누가 참고 자료를 보내서 메일을 열어 봤더니 영어 자료였을 때의 느낌. 읽기도 전에 엄습해 오는 부담감. "이걸 언제 다 읽지?" 이런 느낌이 조금씩 줄어들면 영어가 늘고 있는 것이다.

읽기 실력이 하루아침에 늘기는 사실 힘들다. 이런 식으로 부담이 줄어드는 게 먼저이다. 시험 영어만 했다면 혼자 힘으로 글을 읽어 본 경험이 대개 없다. 그래서 글을 읽으라고 하면 "이걸 언제 다 읽어요?", "읽다가 모르는 단어가 나오면 어떡하죠?" 하는 질문부터 던진다. 그래도 도전해 보자. 글을 계속 읽다 보면 "한번 읽어 보지, 뭐", "모르는 단어가 나왔으니 사전을 찾아볼까?"와 같이 생각하는 방식이 바뀐다.

부담이 줄어드는 게 뭐 대단하냐고 생각할지도 모르겠지만, 대단한 일이다. 부담이 클 때는 영어로 된 글을 읽을 생각조차 안 하기 때문이다. 부담이 줄면 일단 도전해 볼 수 있으니 이건 대단한 발전인 것이다. 이렇게 심리적으로 자신감이 생기면서 읽기에 적극적으로 달려들면 실제 읽기 실력이 조금씩 올라간다.

지금 말하는 '읽기 실력'이란 무난한 글을 아주 빠른 속도로 읽을 수 있는 능력을 말한다. 그렇다. 핵심은 '속도'이다. 지식 영어에서는 시간이 걸리더라도 복잡한 구문과 전문적인 지식이 필요한 글을 읽을 수 있는 것을 실력이라고 본다. 사실 그런 읽기는 원어민도 잘 못한다. 언어 영어 차원에서 보는 두 번째 읽기 능력은 '속도'이다.

빨리 읽을 줄 알아야 한다고 말하면 사람들은 '대충' 읽는 것으로 착각하는데, '대충'이란 말은 시험 영어에나 어울리는 말이다. 언어 영어에서는 '대충'이 통하지 않는다. 빨리 읽는 것만을 말하는 게 아니라 제대로 이해하며 빨리 읽는 것을 말한다.

"빨리 읽고 싶어도 빨리 읽혀야 빨리 읽지.

실력이 안 되는 걸 어떡해"

어렵게 생각하지 말자. 실력이 안 되면 실력에 맞는 글을 읽으면 된다. 실력에 맞지 않는 어려운 글을 읽으면서 독해 속도가 늘지 않는다고 불평하는 건 말이 안 된다. 영어는 어렵고 힘든 체험을 통해 자신을 단련시키는 극기 훈련이 아니다. 초등학생에게 독해 능력을 올린다고 학위 논문을 보라고 하지는 않는다. 자신의 실력에 맞는 글을 읽는 것이 제대로 된 읽기 방법이다. 빨리 안 읽히는 글은 자신에게 어려운 글이다. 그럼 그 책은 접어야 한다. 우리에게 필요한 건 페이지가 술술 넘어가는 쉬운 책이다.

읽기의 목적은 언어에 익숙해지는 것이다. 익숙해지면서 속도가 늘고 그러면서 이해력이 늘어가는 것이다. 어려운 글을 읽어야 실력이 는다는 시험 영어식 사고는 이제는 제발 버리자.

글 읽기 '속도'의 중요성에 대해 하나 더 살펴보자.

들기(청취)가 안 되는 가장 큰 이유는 읽기 '속도' 때문이다. 읽기 속도는, 바꿔 말하면 결국 '이해 속도'를 뜻한다. 읽어서 이해하는 것이 RC(reading comprehension), 즉 독해이고, 들어서 이해하는 것이 LC(listening comprehension), 즉 청해이다. 공통점은 comprehension, 바로 '이해'이다.

둘 중에 더 어려운 것은 당연히 청해이다. 청해에서는 기회가 한 번밖에 없기 때문이다. 한 문장이 끝나면 바로 다음 문장이 나온다. 반면 독해는 읽기 속도를 우리 자신이 조절할 수 있다. 안 읽히는 부분은 천천히 읽으면 된다. 따라서 청해 시에는 독해 때보다 이해가 빨라야 한다. 듣고 바로 이해할 수 있을 정도로 빨라야 한다. 그렇지 않으면 바로 다음 문장을 쫓아가지 못하기 때문이다. 따라서 청해보다 더 수월한 독해의 속도가 안 나오는 사람은 청해가 될 수 없다. 이건 영어 학습의 진리라고 봐도 된다.

재미있는 실험을 하나 해 보자. 대본이 있는 영어 동영상을 준비한다. 길이는 2분 정도로. 일단 동영상(뉴스나 강연 종류)을 본다. 얼마나 정확히 이해했는지는 자신이 가장 잘 안다. 이제 시간을 측정하며 동영상의 대본 독해를 시작하자. 대본을 제대로 독해하는 데 시간이 얼마나 걸리는지 측정해 본다.

우리말 이해 능력을 먼저 살펴보면 비교가 쉽다. 우리나라 방송국 사이트에 가서 뉴스를 하나 골라 동영상 아래에 있는 대본을 읽어 보자. 일반적인 독해 능력을 가진 한국인이라면 동영상 시간의 절반을 넘지 않는다. 즉, 2분짜리 동영상의 대본을 읽는 데 1분도 채 걸리지 않는다는 말이다.

　같은 방법으로 영어도 시간을 측정해 보자. 이건 수업 때 많이 해 봐서 아는데, 웬만큼 영어를 하는 사람이라도 2분짜리 동영상을 2분 이내에 독해하는 건 쉽지 않다. 심지어 2분을 넘기는 사람도 있다. 다른 사람이 입으로 읽는 데 2분 걸린 것을 머리로 이해하는 데 2분이 넘어간다면 듣기가 잘 안 되는 실력인 것이다.

　물론 지금 말하는 듣기는 영화나 드라마 속의 긴 대사, 회의 중 발표, 강연이나 수업처럼 상당 시간 진행되는 영어를 말한다. 특히 스토리가 있고 감정이 들어간 그런 영어를 말한다. 외국에 나가서 쇼핑할 때 필요한 간단한 영어를 말하는 게 아니다. 뒤에서도 언급하겠지만 자신이 지향하는 영어에 따라 학습 방법은 달라질 수 있다. 영어를 배우는 목적이 해외 쇼핑 정도라면 독해 속도보다는 독해 여부에 더 신경을 써야 한다. 글을 읽을 수 있는지 없는지 여부가 먼저니까. 그러나 쇼핑 이상, 즉 방금 소개한 여러 경우에 해당하면 독해 속도를 올리는 데 주력해야 한다.

{ 실력이 늘고 있다는 증거

실력이 늘면 '모든 걸 다 알아야 한다'는
부담이 없어진다.
단어 학습 방식이 달라지고,
문법을 보는 눈 또한 달라진다.
<u>실력이 늘면
시험 점수는
저절로 올라가게
되어 있다.</u>

실력이 늘면 '모든 걸 다 알아야 한다'는 부담이 없어진다.

시험을 위한 영어 학습에서는 모른다는 것은 실력이 없다는 것을 의미한다. 모르는 게 있으면 문제를 틀릴 수 있기 때문이다. 점수로 판단하는 시험 영어에서 낮은 점수는 낮은 실력을 의미한다. 학교 수업도 우리에게 부담을 준다. 학생들에게 새로운 단어나 표현, 문장을 가르쳐 주는 선에서 끝나면 되는데, 수업은 항상 학생들에게 질문을 던진다. 그 질문에 답을 할 수 있어야 영어를 잘하는 학생이 된다. 질문에 답을 하려면 모든 걸 알고 있어야 한다.

아는 것이 조금 늘어나면 그걸 자랑하고 싶어하는 사람도 있다. 지식을 과시하고 싶은 사람들은 잘 나오지 않는 것들을 주변에 물어본다. 단어는 carcinogen 같은 어려운 단어, 문법은 예외적인 문법 사항을 물어본다. 실전 영어 실력이 늘면 이런 식의 질문은 안 하게 된다. 원어민이 우리에게 이런 질문을 하며 자랑하는 것을 본 적이 있는지? (그런 사람이 있다면 참 못난 원어민이다.) 실력이 늘면 주변에서 누가 이런 질문을 해도 일일이 신경 쓰지 않고 가볍게 무시하게 된다.

실력이 늘면 모든 걸 다 알 수도 없고 다 알아야 할 필요도 없다는 것을 깨닫게 된다. 다 알아야 한다는 부담이 없어지면 영어를 매일 꾸준히 접하는 게 훨씬 더 쉬워진다. 모르는 게 나왔다고 투덜대지 않는다. 모르는 것, 생소한 것을 즐기게 된다. 새로운 것이 나왔다고, 이런 게 있었냐고 좋아한다.

여러분에게 이런 모습이 보인다면 영어 실력은 늘고 있는 것이다.

실력이 늘면 단어 학습 방식이 달라진다.

실력이 늘면 단어를 자신이 직접 사전에서 찾기 시작한다. 참고서에 정리되어 있는 단어 해설에 의존하지 않는다.

사전에서 찾는 단어는 주로 중학교 수준의 기본 단어들이다. 물론 ubiquitous, carcinogen, deterioration과 같이 어려워 보이는 단어도 사전에서 찾는다. 그러나 이렇게 뜻이 달랑 하나밖에 없는 단어는 그렇게 어렵지 않다. 오히려 good, carry, credit과 같이 쉽게만 생각했던 단어들이 어렵게 다가온다. 기존에 알고 있던 '좋은', '가지고 가다', '신용'이라는 뜻만을 가지고는 영어 글을 읽는 데 턱없이 부족하다는 것을 깨닫기 때문이다.

'good = 좋은' 식의 일대일 대응을 하지 않게 된다. good의 용법이 너무 다양하다는 걸 직접 느끼며, 진정 어려운 단어는 good 같은 기본 단어라는 것을 알게 된다. 이전까지 쉽게만 느껴져 사전을 한 번도 찾아보지 않았던 단어가 어렵다는 생각이 든다면 확실히 실력이 늘고 있다고 믿어도 된다. 실력 향상을 보여 주는 가장 확실한 신호가 바로 이것이다.

단어 학습에서 보이는 또 다른 변화가 있다. 자신이 처음 보는 단어에 대해 크게 신경 쓰지 않는다는 점이다.

글을 읽다가 생전 처음 본 단어가 나왔다고 가정해 보자. 지식 영어에서는 모르는 단어를 결코 그냥 지나치지 않는다. 단어장에 정리해 그때그때 외우려고 노력한다.

반면, 언어 영어에서는 처음 본 단어는 자주 나오지 않는 단어로 간주하고 별 신경을 쓰지 않는다. 흐름을 이해하는 데 꼭 필요하면 사전을 찾아보겠지만, 그 뜻을 꼭 외워야 한다는 생각은 전혀 하지 않는다.

이런 자신감은 어디서 나오는 걸까? 자신만의 영어 세계가 어느 정도 만들어졌기 때문이다. 영어 공부를 꾸준히 해서 실력이 어느 정도 궤도에 올랐을 때 볼 수 있는 현상이다.

영어를 많이 보지 않은 사람은 중요한 것과 그렇지 않은 것을 구별하지 못한다. 그러니 모르는 것이 나오면 무조건 정리부터 하게 되어 있다. "모르는 단어를 그냥 넘어가면 찜찜하지. 나중에 또 나오면 또 모를 거 아니야?" 하고 생각하기 때문이다.

이 단어가 정말 보편적인 단어라면 분명히 나중에 또 나올 것이다. 또 나오면 그때 관심을 조금 더 주면 된다. "또 나왔네. 지난번에 뭐였지?" 이렇게 말이다. 나중에 또 나오면 관심을 더 갖는다. 그렇게 서서히 나의 단어가 되어 가는 것이 올바른 단어 학습 방법이다.

반대로 원어민도 잘 모를 정도로 잘 나오지 않는 단어라면, 그 단어를 처음 본 순간이 그 단어를 보는 마지막이 될 수도 있다. 실제 그렇다면 그 단어는 우리 기억 속에서 자연스럽게 사라진다. 그런 단어는 중요하지 않다. 굳이 정리까지 하며 외우려고 급급할 필요가 전혀 없는 것이다.

영어는 인생과 비슷하기도 하다. 우리는 가족의 소중함을 잘 모르고 사는 경향이 있다. 매일 보며 살아가기에 그럴지도 모른다. 그러나 내게 진정 소중한 사람은 가끔 보는 거래처 사람이 아니라 매일 보는 가족이다. 기본 영어 단어는 매일 접하기에 그 가치를 잘 모른다. 하지만 가장 소중한 단어가 바로 기본 단어이다.

3 영어 실력이 늘면 우리말 해석이 줄어든다. 시험 영어에서는 해석을 빨리 할수록 영어를 잘한다고 생각하지만, 실전 영어로 넘어오면 해석을 안 할수록 영어를 잘하는 것으로 본다.

이건 당연하다. 실력이 늘면 이해 속도가 빨라진다고 했다. 이해를 방해하는 요소가 줄어들기 때문에 속도가 단축된다. 이해를 방해하는 가장 큰 요소는 영어를 보며 우리말로 해석하는 것이다. 영어 내용을 모르는 사람에게 알려 줘야 할 영어 선생과 통번역사 외에는 영어를 해석할 필요가 없다.

우리말로 해석을 잘해야 영어 문장을 완전히 이해했다고 착각하는 사람이 정말 많다. 아주 커다란 착각이다. 이 착각의 원인은 학교 영어 수업이다. 우리 수업에서는 선생님이 시키면 자신이 제대로 이해했는지 우리말 해석으로 보여 줘야 한다. 어렸을 때부터 그런 수업을 받으면 영어 문장을 보고 무의식적으로 해석을 하려고 할 수밖에 없다.

아래는 어색하기 짝이 없는 일대일 번역 사례들이다.

She is a new mom.
그녀는 새엄마이다.

You are old enough to know better.
당신은 더 잘 알기에 충분할 정도로 나이를 먹었다.

You have only so many years to live.
당신은 단지 그렇게 많은 살 수 있는 해를 가지고 있다.

영어 단어를 한국어 대응어로 하나씩 옮기고, 그걸 다 합쳐서 나오는 한국어 문장으로 영어를 이해하려고 하기 때문에 정작 문장의 정확한 뜻은 모르는 경우가 부지기수이다. 하지만 이런 해석만으로 대충 지나가고 심지어 잘했다고 칭찬까지 하는 것이 우리 영어 교육이다.

> She is a new mom.
> 아기를 낳은 지 얼마 안 됐다는 뜻.
>
> You are old enough to know better.
> 지금 나이가 몇 살인데 그걸 모르냐는 뜻.
>
> You have only so many years to live.
> 무한정 살 수는 없고 언젠가는 죽는다는 뜻.

영어 실력이 늘면서 해석을 안 하게 된다는 건, 그만큼 영어를 많이 봐서 문장 전체의 의미가 한눈에 들어온다는 말이다. 물론 말처럼 쉽지는 않다. 실력이 늘어야 가능한 일이다. 우리가 지향해야 할 방향이다.

우리말로 해석하는 습관은 영어 이해 속도를 떨어뜨린다. 시간 여유가 충분한 시험 영어에서는 이런 속도 저하가 큰 문제가 되지 않는다. 몇 번 다시 읽고 풀어도 답만 맞히면 된다. 그러나 '실시간', '곧바로' 이해가 아니면 이해라고 생각하지 않는 실전 영어에서는 이런 시간 지체는 정말 큰 걸림돌이다.

영어를 접하다 보면 평소에 비해 영어가 더 쉽게 느껴지는 날이 있다. 이상할 정도로 이해가 잘 되는 날. 그런 날은 영어를 읽고(혹은 듣고) 우리말 해석을 거치지 않았기 때문일 가능성이 크다. 머릿속에서 해석하는 과정이 없기에 이해 속도가 빨라진 것이다. 반대로 영어 이해가 평소에 비해 힘든 날이 있다. 그건 상대가 말한 문장 속 단어 하나하나를 한국어 단어로 바꾸는 작업을 머릿속에서 하고 있기 때문이다. 영어로 말한 후 혹은 영어 회의에 들어갔다 나온 후 유난히 골치 아픈 날이 그런 날이다. 필요 이상으로 머리를 많이 썼기 때문이다.

 실력이 늘면 문법을 보는 눈이 달라진다. 지식 문법에서 실전 문법으로 바뀐다고 할까?

정관사 the를 예로 들어 보자. 지식 문법에서는 the에 대한 몇 가지 사항만 외우면 the에 대해 안다고 생각한다. (문법책이 아니므로 각각의 예는 생략한다.)

앞에서 언급된 명사 앞에 온다
세상에 하나뿐인 명사 앞에 온다
산맥, 군도, 바다, 강, 해협 앞에 온다
최상급이나 서수 앞에 온다
신문, 잡지, 정기 간행물 앞에 온다
복수 형태의 나라 이름 앞에 온다
형용사 앞에 나와서 복수 명사를 만든다

지식 문법에서는 지금 열거한 것을 머리로 알고(know) 있으면 된다. "정관사 the는 언제 나오는 거야?" 하고 물어보면 지금 열거한 내용을 죽 말해 주면 된다. 지식 영어에서는 이 정도로 충분하다.

실전으로 오면 상황이 완전히 달라진다. 일단 정관사 the의 개념부터 바뀐다. 말하는 사람이 어떤 명사를 말하려는 순간에 "지금 내가 말하려는 명사가 어떤 명사인지 듣는 사람도 알겠지"라고 생각하면 the를 붙인다. 쉽게 말해서 '나도 알고 너도 알 때' 붙이는 게 정관사 the이다.

이게 간단해 보이지만 매우 복잡하다. '나도 알고 너도 아는지', '나만 아는 건지', '너만 아는 건지', '나도 모르고 너도 모르는 건지' 이런 여러 변수를 순간적으로 다 판단하고 나오는 게 the이기 때문이다. 실전이 어려운 것은 이 판단을 문장 하나가 아닌 문맥을 보고 해야 하고, 이 복잡한 과정이 '실시간'에 이뤄지기 때문이다.

문법을 왜 배우는지 시험 영어에서는 알지 못한다. 그저 문법 문제를 풀기 위한 거라고 생각한다. 언어 영어로 넘어오고 실전을 겪게 되면 조금씩 알게 된다. 실전에서는 대충 넘어가는 게 아니라 '제대로' 이해하고 '제대로' 표현해야 하기 때문이다. 특히 글쓰기 단계에 가면 지금 언급하고 있는 the의 중요성은 말도 못할 정도이다.

다른 문법 사항도 마찬가지이다. 단순히 도식적으로 외웠던 가정법. 용법 몇 개만 알면 된다고 생각했던 조동사. 형태는 have+p.p.이고 종류는 '결과, 경험, 계속, 완료' 네 가지가 있다고만 배웠던 현재완료. 이런 모든 것들의 새로운 세상이 열린다. 좁디 좁은 문법책에 갇혀 보이지 않았던 새로운 세상이 비로소 보인다.

문법 참고서의 가장 큰 단점은 달랑 문장 하나만 가지고 설명한다는 점이다. 하나의 문장을 통해 어떤 문법을 배웠으면 그 다음에는 문법책 밖으로 나와야 한다. 세상 밖으로, 우물 밖으로 나와야 한다. 나와서 스스로의 노력으로 실전 영어를 접해야 한다. 실전은 '문맥'이다. 문법책에는 없는 '문맥'을 접해야 한다. 단어, 표현, 문장의 의미는 사실상 문맥이 결정하기 때문이다.

영어 실력이 늘면 글을 읽는 게 달라지고 단어를 보는 눈이 달라지는데, 이는 문맥이 보이기 때문이다. 문법책에서 이론으로만 배웠던 문법이 실제 문맥에서 어떻게 응용되는지 보이기 때문이다. 마치 교통 법규를 책으로만 배운 사람이 도로에서 실제 운전을 해 보니 그 법규에 대한 생각이 달라지는 것과 비슷하다. 그 법규가 왜 필요한지, 그걸 왜 지켜야 하는지 알게 되는 것과 비슷하다.

문법, 실전의 세계에서는 또 다른 세상이다.

5 실력이 늘면 시험 점수도 올라간다.

시험 영어에 대비되는 개념으로 언어 영어에 관한 얘기를 하고 있다. 그래서 실전을 중시하는 언어 영어는 전혀 시험과 관련 없는 것으로 생각할 수 있다. "나는 시험이 중요한데 무슨 실전?" 이런 생각 말이다.

그런 생각은 하지 말자.

당장 몇 달 후에 점수가 필요한 경우라면 어쩔 수 없이 시험 영어 방식대로 가는 게 속 편하다. 마음 편한 대로 공부해 원하는 점수가 나와야 한다. 그 점수가 진정한 실력인지 여부는 그렇게 중요하지 않다. '실력'이 아닌 '점수'를 원하는 바보 같은 기업들을 탓해 봐야 소용없다. 현실적인 문제부터 해결하는 게 먼저이다.

그러나 급한 경우가 아니라면 생각을 좀 더 유연하게 하자. 우리가 보는 일반적인 영어 시험은 언어 실력 외에 별도의 전문적인 지식이 필요 없다. 미국 대학원 입학에 필요한 시험처럼 영어 외에 다른 과목이나 전문적인 지식이 필요한 시험이 아니라는 말이다. 그저 언어 실력 하나면 충분한 시험이다. 언어 영어에서 지향하는 '실전 실력'을 쌓아 놓으면 이런 시험은 그렇게 어렵지 않다. 물론 그 실력을 하루아침에 쌓을 수 있는 건 아니다. 그러나 그 실력은 오래 걸려서 쌓기에 웬만한 파도에도 무너지지 않는다.

중고등학교 내내 쌓고 허물고 쌓고 허무는 작업을 반복했다. 중고등학교 때는 학교에서 시키니 선택의 여지가 없었지만 성인이 된 후에는 다르다. 어떤 탑을 쌓을지는 자신의 선택에 달려 있다. 시험 보고 까먹고 시험 보고 까먹고, 결국 아무것도 남는 것이 없는 영어 학습은 초중고 10년이면 족하다. 그 고리를 빨리 끊지 못하면 영어에 끌려가는 괴로운 인생이 될 것이다.

시험에 치이며 살아온 학생들이기에 점수가 오른 적은 있어도 실제 실력이 오른 적은 없다. 그래서 확신이 없다는 것도 잘 알고 있다. "정말 그렇게 하면 실력이 올라요?" 이 질문을 정말 많이 들어 봤다. 오른다. 지름길 찾지 말고, 주변에 너무 의존하지 말고, 자신을 위한 인생 투자라 생각하고, 길게 보고 꾸준히 하면 오른다. 당연히 오른다. 진정한 실력을 갖춰 놓으면 우리가 흔히 알고 있는 영어 시험들은 사실 별거 아니다.

출제 경향? 알 필요 없다.

유형별 풀이 방식? 그런 거 따로 없다.

문제별 시간 배분? 그냥 풀면 된다.

답을 골라내는 요령? 아무 의미 없다.

그룹 스터디? 혼자 해도 충분하다.

진정한 실력을 갖춰 놓으면 시험 대비는 실전 모의고사 몇 번 쳐 보는 정도로 충분하다.

학교 영어 수업의 현실

Part 3

어디로 가야 할지 몰라 표류한 지 꽤 오래됐다
아니, 제대로 간 적이 한 번이라도 있나 싶다

입시 제도의 새로운 파도가 칠 때마다
학교 수업은 출렁댄다
입시가 학생들의 모든 공부를 결정한다
한편으로는 수능,
다른 한편으로는 내신
입시 전략에 따라 영어 수업의 의미도 학생마다 다르다

시험 외의 다른 목적은 찾기 힘들고
실질적인 실력 향상에는 관심 없는 학교 영어 수업
영어를 지식으로 생각하는 영어 교육이
만들어낸 결과이다

영어 실력이 늘지 않는 이유를 각 개인에게서 찾지 말자
근본 원인은 교육이다
교육을 바꾸지 않고는
우리의 영어 스트레스는 사라지지 않는다

매년 되풀이되는 갑의 횡포

매년 교육과정평가원 관계자는
갑질을 되풀이한다.
"지난 수능은 이랬는데 다음 수능은 이러하니
열심히들 준비해라"
그것에 맞게 학교나 학원의 영어 수업도 바뀐다.
교육과정에서 언급했던
'의사소통 능력,
배움의 즐거움, 흥미'
따위는 다 사라지고 없다.

다음은 2009 개정 교육과정의 내용 중 일부이다.

"세계화와 정보 지식화 시대에 선도적 역할을 수행하기 위해서는 영어를 이해하고 구사하는 능력이 필수입니다. 개인 생활의 질을 높이고, 개인의 역량을 강화하기 위해서도 영어 의사소통 능력을 갖추는 것이 필요합니다."

다음은 2015 개정 교육과정의 홍보 동영상 내용 중 일부이다.

"수업 방식이 바뀌면 아이들이 바뀝니다. 다른 나라에 비해 학업 성취도에서 월등하게 우월한 우리 청소년들이 배움의 즐거움에 있어서는 최하위권에 머물러 있습니다."

교육과정 개정의 이유를 "지금 우리의 교육은 학생들의 흥미와 학습 동기를 효과적으로 이끌어내지 못하고 있다"라고 말하고 있다.

영어 이해 구사 능력
영어 의사소통 능력
새로운 수업 방식
배움의 즐거움
흥미와 학습 동기

참 멋진 말들이다.

2017년 수능 영어 시험에서 가장 어려웠던 33번 문제를 소개한다.

33. 다음 빈칸에 들어갈 말로 가장 적절한 것을 고르시오.

Grief is unpleasant. Would one not then be better off without it altogether? Why accept it even when the loss is real? Perhaps we should say of it what Spinoza said of regret: that whoever feels it is "twice unhappy or twice helpless." Laurence Thomas has suggested that the utility of "negative sentiments" (emotions like grief, guilt, resentment, and anger, which there is seemingly a reason to believe we might be better off without) lies in their providing a kind of guarantee of authenticity for such dispositional sentiments as love and respect. No occurrent feelings of love and respect need to be present throughout the period in which it is true that one loves or respects. One might therefore sometimes suspect, in the absence of the positive occurrent feelings, that _____. At such times, negative emotions like grief offer a kind of testimonial to the authenticity of love or respect. [3점]

* dispositional: 성향적인 ** testimonial: 증거

① one no longer loves

② one is much happier

③ an emotional loss can never be real

④ respect for oneself can be guaranteed

⑤ negative sentiments do not hold any longer

학생들은 인생이 걸린 수능 시험에서 주어진 시간 안에 이 글을 읽고 맞는 답을 골라내야 한다. 이런 문제를 보면 어떤 심정일까? 어른들도 한번 생각해 보자. 수능 영어 한 문제당 평균 배분 시간은 약 1분 40초. 이 문제는 아주 어려우니 3분은 잡아먹지 않을까? 시간을 재면서 3분 안에 풀어 보자. (이거 맞히면 로또 당첨이라는 생각으로 진짜로 한번 풀어 보자.)

어렵다.

너무 어렵다.

말로 표현할 수 없을 정도로 어렵다.

교육부는 자신이 했던 그 멋진 말들은 다 잊고, 이런 문제를 들이밀고 시간 내에 풀라는(솔직히 풀든지 말든지 상관없다는 느낌이지만) 요구를 하고 있다. 그 용기는 어디서 나온 걸까? 약속을 우습게 아는 오만함은 어디서 나온 걸까? 저 정도 글을 읽을 수 있는 실력도 만들어 주지 않고 저런 문제를 내는 뻔뻔함이 대단하다.

이런 문제를 출제한다는 건 영어 시험 출제기관의 갑질이다. 반기를 들거나 저항할 수 없는 약자를 향한 일방적인 갑질 말이다.

초등학교 때까지는 영어가 재미있었다고 흔히 말한다. 그럴 수 있다. 중고등학교 영어에 비해 시험이나 평가의 부담이 크지 않기 때문이다. 중학교 때부터는 시험의 세계이다. 학교 영어 수업은 일종의 게임 같은 느낌이다. 게임에서 판이 올라갈 때마다 난이도가 올라가듯 영어 수업이나 시험 역시 학년이 올라갈수록 어려워진다. 게임의 끝판은 대학 입시이다. 33번 문제는 끝판왕에 해당한다. 배점이 가장 높은 33번 왕을 깨야 끝판의 진정한 승자가 된다. 대충 반칙을 해도 상관없다. 깨기만 하면 된다.

매년 수능 무렵에 교육과정평가원 관계자가 나와서 갑질을 되풀이한다. "지난 수능은 이랬는데 다음 수능은 이렇게 하겠다. 열심히들 준비해라" 이렇게 한마디 하곤 홀연히 사라진다. 이렇게 정해 주면 그것에 맞게 학교나 학원의 영어 수업도 바뀐다.

교육과정에서 언급했던 의사소통 능력, 배움의 즐거움, 흥미 따위는 다 사라지고 없다. 영어 수업은 끝판을 깨기 위한 과정일 뿐이다. 이런 학습에서 재미를 느끼기는 힘들다.

4 33번 문제는 학생들이 시간 내에 제대로 이해한 후 확신을 가지고 답을 적는 것이 불가능하다. 거의 불가능이 아니라 그냥 불가능하다. 물론 대충 짐작한 후에 보기 중에 답을 찍어 맞힐 수는 있겠지만, 제대로 이해한 후에 확실히 알고 푸는 학생들은 없을 것이다.

"저 문제가 그렇게 어렵나?" 하고 생각하는 분을 위해 이 영어 문제가 어떤 느낌인지 알려 드리겠다. 다음은 33번 문제의 번역본이다. EBS에서 나온 이른바 공식(?) 번역이다.

우리말이니 느긋하게 읽어 보자.

슬픔은 불유쾌하다. 그렇다면 그것이 완전히 없는 상태라면 더 행복하지 않을까? 손해를 보는 것이 확실한데도 왜 그것을 받아들이는가? 아마도 우리는 스피노자가 후회에 대해 이야기한 말, 즉 누구든지 그것을 느끼는 자는 '두 배 불행하거나 두 배 무기력하다'는 말을 그것에 대해 이야기해야 할 것이다. Laurence Thomas는 '부정적인 감정'(없으면 우리가 더 행복할 것이라고 믿을 이유가 있어 보이는 감정들인 슬픔, 죄책감, 분개함, 분노와 같은 감정들)의 유용성이 그것들이 사랑과 존경심과 같은 그런 성향적인 감정에 대한 일종의 진실성을 보장해 준다는 점에서 찾을 수 있다는 것을 암시했다. 그 어떤 현재 일어나고 있는 사랑과 존경의 감정도 사랑하거나 존경하는 것이 사실인 그 기간 동안 줄곧 존재할 필요는 없다(존재할 수는 없다). 그러므로 때때로 현재 일어나고 있는 긍정적인 감정이 없는 상태에서 더 이상 사랑하지 않는다고 의심을 하게 될 것이다. 그러한 때에, 슬픔과 같은 부정적인 감정이 사랑과 존경심의 진실성에 대한 일종의 증거를 제공한다.

느긋하게 읽어 보자고 한 말을 취소해야 할 것 같다. 우리말인데 전혀 느긋하게 읽을 수 없다. 눈을 크게 뜨고 머리를 굴려 봐도 단번에 이해하기 어렵다. 그 이유는 두 가지이다. 일단 영어 원문 자체가 복잡하고 어렵기 때문, 그리고 우리말 번역에 문제가 많기 때문이다. 33번 문제와 이 번역에 대해서는 뒤에서 더 자세히 얘기하기로 하고, 지금은 33번 문제가 주는 느낌만 알고 가자.

> 한국어 원어민인 우리가 33번 문제의 번역을 읽었을 때 느낌
>
> =
>
> 영어 잘하는 해외파 학생들이
> 수능 시험장에서 33번 영어 지문을 읽었을 때 느낌

해외 생활 경험이 있는, 영어 좀 하는 학생들도 이해하기 어렵다. 해외 경험이 없는 국내파 학생들, 즉 대부분의 학생들은 읽어 볼 엄두조차 못 낸다. 앞부분을 조금 보다가 "내가 아는 단어 없나?" 지문을 훑어보며 단어 찾기에 나선다. 찾아낸 단어를 조합해 의미를 짐작하고는 그 짐작에 의해 답을 찍는다. 그렇게 답을 맞혀도 잘했다고 칭찬하는 것이 현실이다.

5 수업을 재미있게 하라고, 새롭게 하라고 지시를 내리면서 수능에는 저런 문제를 출제한다. 글로벌 인재가 되려면 소위 고급 영어를 해야 하고, 대학에 들어가면 원서를 보고 공부해야 하니 저런 글도 읽을 수 있어야 한다고 생각하기 때문이다. 정말 엄청난 착각이 아닐 수 없다.

우리는 초등학교 때 처음 영어를 배운다. 자기소개와 간단한 인사, 그리고 기본적인 단어 익히기부터 시작한다. 그리고 10년 후에 이런 문제를 풀어내야 한다. 과연 10년 동안 그 정도 실력을 쌓을 수 있을까?

앞에서 원어민 열 살 아이의 영어 실력에 대해 이야기했었다. 길다면 긴 10년이지만, 10년 동안 다른 언어는 생각도 안 하고 영어만 익혀 온 원어민 열 살 아이가 이 문제를 풀 수 있을까? 열 살 아이는 고사하고 미국 대학생도 이 문제를 이해하지 못하고 틀리는 모습이 유튜브에 올라와 있다. 영어가 싫어 마지못해 영어를 학습한, 그것도 시험 볼 때만 잠깐 들여다본 짝퉁 영어 나이 열 살의 우리 고3 학생들이 이

지문을 제대로 이해할 수 있을까? 33번 문제는 초등학생에게 미적분 문제를 풀라는 것과 마찬가지이다.

결국 다섯 개 보기 중에 하나를 잘 찍으라는 얘기밖에 안 된다. 학교 영어 수업을 듣고, 추가로 돈을 들여 학원 영어 수업도 듣고, 오가는 길에 흔들리는 버스 안에서 단어장에 줄을 그어 가며 외우는 우리 학생들. 그 모든 노력이 보기 중에 하나를 제대로 찍기 위한 거라면 너무 억울하다.

평균 점수가 너무 높게 나오면 안 되니 이렇게 어려운 문제를 집어넣는다. 난이도를 조정해서 변별력을 확보해야 하기 때문이다. 그래야 출제 기관이 출제를 잘했다고 칭찬받는다. 문제를 이렇게 출제하고 (자랑스럽게) '오답률 몇 퍼센트인 문제'를 언급하고 있는 게 우리 영어 교육의 현실이다.

이런 문제가 기출문제 대접을 받으며 우리 학생들을 계속 괴롭힌다. 지금 이 시간에도 수많은 영어 수업에서 저 문제를 해설하고 있을 것이다. 지금 이 시간에도 아이들은 저 지문에 나오는 황당한 단어를 단어장에 정리하고 버스나 지하철 안에서 외우고 있을 것이다.

수능 문제를 이렇게 내야 한다고 생각하는 사람들은 과연 아이들의 영어 실력 향상을 염두에 두고 있긴 한 걸까? 아니면 이런 문제를 푸는 것이 진짜 실력이라고 아주 커다란 착각을 하고 있는 걸까? 둘 중에는 그래도 후자이기를 바란다.

6 입시 제도가 복잡해지고 여러 변화를 겪으면서 수능 영어 점수가 갖는 비중이 예전보다 줄어들었다. 그러나 여전히 많은 학생들에게 수능 점수는 영어 학습의 궁극적인 목표이다. 대학은 꼭 가야 하고 수능 점수는 필요하기에 학교 영어 수업은 수능에 맞춰져 있다. 수능에는 33번 같은 문제들이 몇 개씩 포함되어 있다. 피해 갈 수 없으니 찍어서라도 답을 맞혀야 하고, 찍었더라도 답만 맞히면 잘했다고 인정해 준다.

요행이다.
운이다.
실력과는 거리가 멀다.

학교 수업과 영어 교육 전반이 뒤틀리고 찌그러질 수밖에 없는 근본적인 이유이다.

도대체 무엇을 위한 시험인가?

다른 학생을 누르기 위해
시험을 잘 봐야 하는 것이 현재의 모습이다.
학생들은 자신을 위해서가 아니라
남을 이기기 위해 영어를 배우고 있다.
학생들이 시험을 너무 잘 봐도 곤란하다.
<u>학생의 실력 향상이 아니라
서열을 매기기 위해
시험을 보기 때문이다.</u>

우리 영어 시험은 학생을 위한 시험이 아니다. (지금 말하는 시험은 꼭 수능에 국한된 것은 아니다.)

학생을 위한 것이라면 시험을 통해 학생의 부족한 점을 파악하고 수업이나 지도를 통해 보완해 나가야 한다. 학생의 입장에서는 시험 결과가 자신의 현 상태를 잘 보여 주고 시험을 통해 자신의 실력이 올라간다는 것을 실감해야 비로소 그 시험에 의미를 둔다.

의미 있는 시험이기에 시험을 잘 보고 싶은 마음이 생긴다. 실력이 올라가는 것을 느끼고 싶기 때문이다. 현실은 어떨까? 다른 학생을 누르기 위해 시험을 잘 봐야 하는 것이 현재의 모습이다. 학생들은 자신을 위해서가 아니라 남을 이기기 위해 영어를 배우고 있다. 내신이 중요하기 때문에 모두들 서열에 민감하다. 자신의 실력보다 다른 학생들의 점수에 더 신경을 쓴다.

현재 상황에서는 자신의 실력이 아무리 늘어도 다른 사람을 이기고 올라가지 못하면 별 의미가 없다. 자신이 아무리 영어를 재미있어 해도 시험 점수가 오르지 않으면 역시 별 의미가 없다. 자신의 영어 실력이 늘었다는 생각이 들어도 점수가 오르지 않으면 주변에서 알아주지 않기 때문이다.

학생들이 시험을 너무 잘 봐도 곤란하다. 시험의 목적은 학생의 실력 향상이 아니라 평가를 통해 서열을 매기는 것이다. 따라서 모든 점수가 100점이어도 곤란하다. 그러면 문제 출제를 제대로 하라고 선생들에게 한 소리 할지도 모른다. 아이들이 열심히 공부해서 시험을 잘 봐도 선생은 마냥 좋아할 수만은 없는 것이 현실이다.

문제가 너무 쉽게 출제되면 공부를 열심히 한 학생들에게 불리하다고들 한다. 소위 변별력이 떨어지는 안 좋은 시험이 되어 버린다. 좋은 시험이란 학생들의 실력을 제대로 평가해 학습을 유도할 수 있는 것이 아닐까? 그러나 우리 교육에서 좋은 시험이란 학생들의 점수가 골고루 분포되게 만드는 시험이다. 매년 수능 시즌에 변별력 얘기를 하는 것도 이 때문이다.

이쯤 되면 시험이 학생을 위한 것인지, 아니면 행정 편의를 위한 것인지 헷갈리기 시작한다.

3 영어를 연구하는 학자가 아닌 우리들에게 영어는 지식이 아닌 기술이다. 외국어라는 기술인 것이다. 운전, 요리, 노래, 수영과 다를 바 없는 기술 말이다. 기술은 실전 경험으로 배운다. 책상에 앉아 메모하고 외워 가며 배울 수 없다. 어떤 기술이든 실제로 해 보는 것이 중요하다.

언어는 '아느냐 or 모르냐'가 중요하지 않다. 언어는 '하느냐 or 못하느냐'가 관건이다. 아무리 알고 있어도 그 표현이 필요한 순간에 입에서 나와야 한다. 다 지나간 후에 "아, 아까 그렇게 말했어야 했는데……" 후회해 봐야 소용없다.

따라서 언어를 테스트하려면 실기 시험을 봐야 한다. 음악은 노래를 시키고, 미술은 그림을 그리게 하고, 체육은 축구를 직접 해 보라고 시킨다. 그런데 영어는 시험지에 문제를 적어 주고 답을 고르게 한다.

음악 시험을 작곡가, 박자, 가사, 감정 처리, 노래의 뒷얘기 같은 주변 지식을 물어보는 필기시험으로만 본다면? 수영 시험을 각 영법의 특징 및 차이점에 관한 객관식 문제로만 본다면 어떨까? 말도 안 된다고 할 것이다. 마찬가지로 영어 실력을 객관식 시험으로 평가하는 것 또한 말이 안 된다. 상황에 필요한 영어를 말이나 글로 표현할 수 있는지 그 자리에서 시켜 봐야 한다. 여기에는 이견이 있을 수가 없다.

시험은 100퍼센트 실기(수행 평가)로 해야 한다고 주장하면 "채점을 언제 다 해?" 같은 말을 듣게 된다. 채점이 오래 걸리니 객관식이 편하다는 논리이다. 시험의 목적은 학생의 실력 향상이 아닌 행정 편의라는 생각이 더 굳어진다. 채점을 편하게 하려고 객관식이라니, 차라리 시험을 없애는 게 모두를 위한 길이다.

 객관식 문제는 '대충' 해도 된다는 착각을 심어 준다. 지문을 완전히 이해하지 못해도 괜찮다. 대충 이해한 후에 가장 비슷한 답을 골라내면 되니 말이다. 모르고 풀었어도 답만 맞으면 잘했다고 한다. 그렇게 해서 나온 점수를 자신의 '실력'이라고 착각한다. 하지만 그것은 영어 실력이 아니다. 단지 답을 골라내는 요령에 불과하다.

답이 틀리면 점수가 안 나와 기분이 나쁘고, 답을 맞히면 점수가 잘 나와 기분이 좋다. 그것으로 끝이다. 그 문제를 시험 후에 다시 보며 확실히 이해하려고 하는 학생은 거의 없다. 점수가 궁금하지 자신의 실제 실력은 궁금하지 않은 것이다.

하지만 실전에서는 '대충'이라는 게 없다. 누구의 말을 대충 이해한 후에 대충 의사 표현을 하는 사람이 있을까? 대충 이해한다는 것도 있을 수 없다. 상대의 말을 절반밖에 이해하지 못했다고 치자. 시험 영어에서는 50% 이해했다고 하지만, 실전 영어에서는 이해를 못한 것으로 간주한다. 실제 대화에서는 "이해 못했는데 다시 말해 줄래?"라고 하지 "50퍼센트 이해했는데 다시 말해 줄래?"라고 하지 않는다.

내 말을 대충 이해할 능력밖에 안 되는 사람과 대화하고 싶지는 않다. 내 글을 절반밖에 이해하지 못하는 사람에게 영어 메일을 보내면 불안하다. 언어는 '모 아니면 도'이다. 제대로 이해한 경우가 아니면 10% 이해나 50% 이해나 상대방 입장에서 불안하기는 마찬가지이다.

실전 영어는 100% 이해를 목표로 학습한다. 시험 영어, 특히 객관식 시험이 낳은 폐단은 '대충' 이해해도 된다는 생각, 30%만 이해해도 답만 맞으면 된다는 생각이다. 실전 영어의 세계로 넘어와 제대로 적응하지 못하는 이유가 바로 이것이다. 토익 만점을 받았다는 사람이 막상 실전에서는 자기소개 하나 제대로 못하는 이유가 여기에 있는 것이다.

 우리 영어 교육은 시험의 연속이다. 마치 시험을 보기 위해 영어를 배운다는 느낌이다.

학교에 다닐 때 거의 매일 영어 단어 시험을 봤었다. 수시로 보는 쪽지 시험이 있었고, 거기에 월말고사, 중간고사, 학기말 시험 등 여러 이름의 시험이 있었다. 외부 기관에서 보는 모의고사도 빼놓을 수 없다. 물론 시험의 끝판은 대학 입시 수능 시험이다.

우리 영어 교육은 확인의 연속이다. 하나 가르치고 확인, 다른 하나 가르치고 또 확인, 그 다음에는 지금까지 가르친 것을 전부 모아 확인하는 식이다. 영어를 가르치는 식으로 엄마들이 아이들에게 한국어를 가르친다면 아이들은 우리말을 안 배운다고, 힘들어서 못하겠다고 집단 거부할지도 모른다. "오늘 엄마가 가르쳐 준 단어 적어 봐", "어제 배웠는데 까먹은 거니?", "월말에 이번 달에 배운 거 정리해서 물어볼 테니 준비해" 이렇게 우리말을 가르치는 부모는 없다.

우리말을 가르칠 때에는 아이를 기다려 준다. "엄마", "아빠" 소리를 빨리 들으려고 아이를 혼내며 다그치지 않는다. 그랬던 우리 엄마 아빠들이 영어만 만나면 괴물로 돌변해 아이들을 다그친다. 더 이상한 것은, 그렇게 괴롭히는 학교나 선생을 선호한다는 점이다. 자신의 다그침으로는 부족하거나, 아니면 자신보다 더 세게 다그쳤으면 하는 마음 때문인지 모르겠다.

시험, 당장 없앨 수 없다면 최소한으로 줄이자. 지금은 너무 많다.

 시험에 "다음 중 틀린 것은?" 하고 노골적으로 물어보는 문제가 자주 출제된다.

우리는 항상 하나의 정답이 존재한다고 생각한다. 그리고 그 정답을 듣고 싶어 한다. 정답에서 벗어나는 것에 대해서는 가차 없다. 그래서인지 우리 시험은 틀린 것을 물어보는 문제를 좋아한다.

언어를 가르치며 왜 틀린 것을 물어볼까? 적합하고 올바른 표현을 가르쳐 주는 것이 교육 아닌가? 학생들은 틀릴 생각도 없는데 미리 나서서 "자, 이렇게 하면 틀려"라고 가르치고 있다. 올바른 것을 제대로 하는 학생을 칭찬하면 그만인데, 군이 틀린 걸 고르라는 문제를 출제한다. 시험 문제를 객관식으로 출제하는 것만으로도 황당한데, 여기에 한술 더 뜨고 있다.

'틀린 보기 고르기' 문제는 단순히 나쁜 문제에서 그치는 것이 아니라 우리의 자신감까지 꺾어 버린다.

영어를 그렇게 오래 배웠지만 우리는 영어에 자신이 없다. 가장 큰 이유는 물론 실력이다. 실력이 안 되니 자신감이 없을 수밖에 없다. 그러나 "다음 중 틀린 문장은?"이라는 문제가 준 영향도 결코 무시할 수 없다. 이런 문제를 어렸을 때부터 접했기 때문에 영어 공부를 하면서 틀리면 안 된다는 강박 관념을 갖게 된다. 마치 '5×5'를 '30'이라고 하면 창피한 것처럼 영어를 하면서 뭔가 실수하면 창피하다는 생각이 든다.

음악에 비유해 보자. 좋아하는 노래를 마음 편히 부르지 못한다. 어디서 쉬고 들어가야 하는지, 정확한 가사는 무엇인지 신경 쓰고 있다. 박자가 틀리고 음정이 이상하면 노래방에 같이 간 사람들이 이상하게 볼까 두렵고 창피하다. 이래서는 노래 한 곡조차 제대로 부르기가 힘들다. 우리가 영어를 할 때의 모습이 바로 이렇다. 뭐 이상한 것은 없는지 전전긍긍한다. 전혀 그럴 필요가 없는 실력인데 우리는 영어에 항상 주눅이 들어 있다.

음악 시간에 마구 노래하고 체육 시간에 공을 뻥뻥 차듯 영어도 부담 없이 말해 봤어야 했는데 우리는 그러지 못했다. 우리는 뭔가 가르쳐 주고 제대로 이해했는지 꼭 시험을 본다. 시험에서 틀리면 안 된다는 부담 때문에 영어에 소극적이 될 수밖에 없다. 그래서 상당한 실력을 갖고 있음에도 불구하고 늘 자신 없어 한다.

이래서는 영어 실력이 결코 늘지 않는다. 언어는 틀리면서 배우는 것이기 때문이다. 자주 틀려야 하는데, 영어 시험은 우리에게 틀릴 기회를 주지 않는다. 오히려 틀리면 혼을 내며 면박을 주는 것이 우리 교육이다.

 틀린 것을 골라내는 문제가 있어서 그런지 영어 수업에서는 틀린 것을 일부러 가르쳐 주기도 한다.

We discussed about the issue.

"discuss는 타동사이므로 about을 쓸 필요 없이 We discussed the issue.라고 해야 맞다"라고 가르쳐 준다. 학생은 about은 생각도 안 하고 있는데 우리 교육은 친절하게 틀릴 것을 미리 알려 준다.

앞에서 말했듯이 우리는 영어 단어를 일대일 우리말 대응어 하나로 정해서 외운다. 'discuss = 토의하다'와 같은 식이다. 문장도 마찬가지이다. 'We discussed the issue. = 우리는 그 문제에 대해서 토의했다.' 우리말 번역에 '~에 대해서'가 있으니 학생들이 about을 붙일지 모른다고 생각해서 about을 넣지 않아도 된다고 친절하게 알려 준다. 그러고는 그걸 이용한 시험 문제를 어김없이 출제한다.

　마치 아주 깨끗해서 지금 바로 입어도 될 옷을 일부러 더럽히는 느낌이다. 일부러 더럽힌 후에 "다음에 입을 때 이렇게 하지 말고 잘 세탁해서 입으세요"라고 말하는 격이다.

　사실 'discuss = talk about'이다. discuss는 원래 about을 품고 있는 단어여서 about이 나오면 중복이라 어색하다. '그 문제를 놓고 얘기를 나눴다' 같은 말은 We talked about the issue. 혹은 We discussed the issue.라고 한다고 가르치면 된다. 이 문장을 반복 연습하면서 문장 자체를 익히면 된다. 그러나 우리 머릿속에는 이 문장은 없고 'discuss는 타동사이므로 전치사가 오지 않는다'는 문제 해설 속의 설명만 남아 있다.

　언어를 사용하지 못하고 이론 설명만 가능한 우리의 영어 실력. 머릿속에 지식으로만 죽어 있는 모습이다. 학교 영어는 영어를 지식으로 대하고 평가한다. 그래서 우리 마음속엔 틀리면 안 된다는 '완벽주의'가 자리 잡을 수밖에 없다.

　'틀림'이라는 말은 어감이 너무 강하다. '틀렸다'는 사실 관계가 어긋났을 때, 즉 허위 사실일 때 쓰는 단어이다. 단어나 어법이 조금 이상하다고 해서 "그거 틀렸어!"라고 말하지는 않는다. 외국인의 우리말이 어색하다고 해서 "그거 틀렸어"라고 할까? "그렇게는 잘 안 해", "상황에 어울리지 않아", "자연스럽지 않아" 이렇게 말하지 않을까? 영어 역시 마찬가지이다. "That's wrong", "You're wrong"과 같이 말하는 경우는 거의 없다.

　물론 잘못된 부분을 지적하고 고쳐 줄 수 있다. 그러나 그 과정에서도 '틀리다', 'wrong' 같은 단어들을 쓰면 너무 강해서 상대의 기를 죽이게 된다. 영어는 이렇게 여러 방식으로 우리의 기를 죽이고 있다. 영어 자체가 어려워서 그런 게 아니다. 교육 방식이나 주변 반응 같은 영어 외적인 요소들이 우리의 기를 죽이는 것이다.

 학교에서는 영어 시험을 볼 때 시험 범위를 정해 준다. 영어 시험에서의 '범위'는 학생들에게 영어 학습에 대한 잘못된 생각을 심어 주기 쉽다.

언어 학습에는 원래 끝이 없다. 우리말을 다 끝냈다고 말하는 사람은 없다. 언제까지 다 끝내겠다고 말하는 사람은 없다. 아이들에게 우리말을 가르치면서 언제까지 끝내야 한다고 목표를 정해 주는 부모도 없다. 그냥 매일 꾸준히 하는 것, 언어는 원래 그런 것이다. 모국어인 우리말도 그런데 하물며 외국어인 영어는 어떨까?

끝을 정해 놓고 영어 공부를 한다? 영어 원어민은 그러지 않는다. 그런데 우리는 영어 학습의 끝을 서슴없이 입으로 말하고 머리로 생각한다. 영어를 끝장내고 완결시켜 주고 심지어 원어민 수준으로 만들어 준다는 광고들. 그 불가능한 일을 단 몇 달 만에 해 주겠다고 주장한다. 그런데 그 말을 믿는 사람들이 있다. 그것도 아주 많이 있다.

왜 그럴까? 언어 학습에는 끝이 없지만, 모든 시험에는 끝이 있기 때문이다. 요리나 운전에는 끝이 없지만, 조리사 자격증 시험이나 운전면허 시험에는 분명히 끝이 있다. 우리는 영어도 마찬가지로 생각한다. 우리의 영어 학습은 늘 시험으로 결말이 나기 때문에 '영어의 끝'이란 개념에 익숙한 것이다. 학교 영어 시험은 친절하게 범위를 정해 준다. "어디까지 하면 끝", "시험공부 다 끝내려면 얼마나 걸릴까?" 이렇게 '끝'이라는 생각을 자연스럽게 하게 된다.

그리 대수롭지 않은 일이라고 생각할지 모르겠지만, 영어 학습 방법에 엄청난 영향을 주는 일이다.

나는 영어 학습법에 관해 원칙적인 조언을 하는 편이다. 언어 학습에 지름길은 없으니 자신이 선택한 길을 꾸준히 가는 것이 이상적이라는 말을 자주 한다. 그때 가장 많이 나오는 반응은 "그렇게 해서 언제 끝내요?", "그렇게 하면 끝나긴 끝나나요?"이다. 늘 시험으로만 영어를 접해 왔기에 서슴없이 이렇게 말한다. 영어를 제대로 해 보겠다고 다짐하고 시작하지만 몇 달 못 가 중단하는 사람들이 대다수이다. 중간에 영어를 포기하는 가장 큰 이유는, 몇 달 했는데 '끝'이 안 보이기 때문이다. 그러고는 다시 '끝'을 약속하는 돌팔이들을 찾아간다.

요즘 중고등학교 영어 시험은 본문을 그냥 외우는 게 최선의 방법이라고 한다. 시험을 앞두고 무슨 말인지도 모른 채 그냥 외우는 것이다. 그러면 점수는 괜찮게 나온다. 정해진 부분을 암기해서 시험만 해결하고 가는 학습이다. 그 습관 때문인지 나중에 성인이 된 후에도 단기간에 성과가 나오는, 혹은 어느 정도만 하면 끝난다고 광고하는 학습법을 택한다. 성과가 빨리 안 나오면, 즉 '끝'이 보이지 않으면 또 다른 학습법으로 갈아탄다.

우리는 어렸을 때부터 범위를 정해 놓고 보는 영어 시험에 익숙했기에 '끝'이라는 단어에 반감보다는 친근감을 느낀다. 하지만 범위는 시험 볼 때나 있는 것이지 실제 언어생활에는 그런 건 없다.

'시험 점수 = 실력' 이라는 착각

영어 점수와 영어 실력은 다르다.
점수와 실력을 분간하자.
시험으로 점수가 올라갈지는 모르겠지만,
진짜 실력이 올라간다고 볼 수는 없다.
<u>시험을 보든 안 보든</u>
<u>진정한 실력은</u>
<u>그렇게 빨리</u>
<u>늘지 않는다.</u>

1 "시험을 안 보면 어떡해? 그럼 영어 실력이 안 늘지."
시험을 없애자고(줄이자고) 하면 흔히 듣는 말이다.

영어 점수와 영어 실력은 다르다. 물론 실력이 있는 사람이 시험도 잘 보겠지만, 시험을 잘 본다고 실력이 있는 것은 아니다. 객관식 시험에서는 더더욱 그렇다. 시험을 많이 봐서 영어 실력이 늘 거면 우리는 모두 이미 영어의 달인이 되고도 남아야 한다.

실전 영어는 시험 영어와 달리 실력이 금방 늘지 않는다. 좀 더 정확히 말하면 실력이 늘기 위해서는 절대적인 시간이 필요하다. 아무리 천재라고 해도 열 살 아이의 언어는 '열 살 아이의 언어'이다. 언어 실력은 살아온 경험에 근거하기 때문이다. 상상력이 번뜩이며 지식이 풍부하고 창의력이 뛰어날 수는 있지만, 사용하는 언어는 아이의 언어이다. 시험을 여러 번 본다고 해서 그 시간을 단축시킬 수는 없다.

점수와 실력을 분간하자. 시험으로 점수가 올라갈지는 모르겠지만, 진짜 실력이 올라간다고는 볼 수 없다.

2 "높은 점수를 받으려고 아이들이 더 노력한다면 시험에도 긍정적인 측면이 있는 것 아닌가?"라고 말하는 사람도 있다.

더 높은 점수를 받기 위해 노력하는 학생도 있겠지만, 시험 때문에 영어를 혐오하고 기피하며 심지어 포기하는 학생들이 대다수이다. 앞에서 언급한 시험의 여러 해악을 감안하면, 현재 영어 시험에 긍정적인 면이 과연 있을까 싶다.

더 높은 점수를 받으려고 노력해 정말 그런 점수가 나왔다고 치자. 그 점수를 유지하려면 계속 단기적인 암기식 영어에 치중할 수밖에 없다. 당장 다음 주가 학교 시험인데, 근본적인 영어 실력에 도움이 된다고 영어 소설책을 보고 있을 수는 없기 때문이다. 점수가 잘 나오는 학생은 또 그 학생대로 점수의 노예가 된다. 단기적인 성과에 급급하게 되니 실제 실력에는 오히려 해가 될 수 있다.

아이러니하게도 고등학교 영어 공부를 너무 열심히 하면 나중에 영어를 다시 제대로 시작해야 할 때 오히려 더 힘들 수도 있다. (실제 그런 경우를 많이 목격했다.) 시험에 길들여진 사고방식과 공부 방식을 쉽게 바꿀 수 없기 때문이다. 몇 년간 쌓인 시험 대비 암기식 벼락치기 습관은 잘 고쳐지지 않는다.

우리는 항상 점수가 높은 학생들만 생각한다. 하지만 점수가 낮은 학생들에 대해서도 생각해 봐야 한다. 영어와 완전히 담을 쌓아 점수가 낮은 경우도 있지만, 영어는 좋아하는데 점수가 안 나와 자신감과 흥미를 잃는 경우도 있다. 심지어 해외에 거주하다 귀국한 학생들 중에 학교 영어 시험 때문에 자신의 영어 실력을 의심하는 경우도 있다. 누가 봐도 선생보다 훨씬 더 영어를 잘하는 학생인데 시험 점수가 안 나온다고 "우리 아이 어떡하냐?"고 상담하는 학부모도 있을 정도이다.

시험을 보든 안 보든 진정한 실력은 그렇게 빨리 늘지 않는다. 따라서 진심으로 아이들의 영어 실력을 걱정한다면 시험 스트레스를 없애 주는 것이 최선이다. 없애기 힘들면 최소한 시험 방식이라도 바꿔서 아이들에게 영어를 친근한 존재로 만드는 것이 우선이다.

3 　영어와 다른 외국어 학습을 비교해 보자. 영어가 아닌 다른 외국어, 흔히 말하는 제2외국어는 일반 외국어 학원에서 배우는 것이 보통이다.

학교에서 10년 배운 영어 실력

vs.

학원에서 1년 배운 제2외국어 실력

둘 중 어느 쪽의 실력이 더 좋을까?

참 어리석은 질문이다. 실력 평가 기준이나 상황에 따라 답은 얼마든지 달라질 수 있기 때문이다. 그러나 한 가지 분명한 점은, 1년 배운 제2외국어가 10년 배운 영어보다 더 편안하게 느껴진다는 것 아닐까? (제2외국어 학원을 다녀 봤다면 공감할 것이다.) 제2외국어는 편안한 마음으로 말이나 글을 적극적으로 시도해 보는 것 같다. 그 이유가 뭘까?

일단 학교와 학원의 차이를 들 수 있다. 학교는 시험을 위한 지식의 차원에서 영어에 접근하지만, 학원은 주로 실질적인 의사소통을 위해 가르친다. 지식으로 배우면 "이걸 언제 다 하지?" 같은 부담이 생기게 마련이지만, 실용적인 제2외국어 학습에서는 모르는 게 나올 때마다 새로운 걸 배웠다고 좋아한다. 배움의 기쁨을 느낀다.

학원에서 가르치는 제2외국어는 학교 영어만큼 시험을 자주 보지 않는다. (물론 제2외국어도 유학이나 해외파견 근무를 준비하기 위해 공부하는 경우에는 시험을 자주 본다.) 시험이 주는 부담이 학교 영어 수업에 비해 상대적으로 적다는 것 하나만으로도 편안함을 느낄 수 있다. 시험 과목으로 배웠던 영어에서는 느낄 수 없었던 편안함이다.

10년의 학교 영어 교육은 영어 학습에 대한 여러 편견과 오해를 남겨 놓았다. 그 편견과 오해 때문에 학교 졸업 후에도 **언어 영어**에 다가서지 못한다. 영어를 계속 **지식**으로 여기기 때문이다. 그러나 제2외국어는 '10년의 상처'라는 것이 없다. 제2외국어는 **지식**이라는 생각 자체가 없는 것이다. 제2외국어가 영어보다 상대적으로 학습이 즐겁고 진도가 더 잘 나가는 이유가 바로 이것 아닐까?

 영어에서도 얼마든지 재미를 느낄 수 있다. 우리가 시도하지 않을 뿐이다. 평가를 최소화하고 점수 외에 다른 보상을 줄 수 있으면 얼마든지 재미를 느낄 수 있다.

시험을 안 보면 영어가 늘지 않는다고 주장하는 사람들은 '영어의 재미'를 인정하지 않는다. 자신들이 느껴 보지 못했기 때문일 가능성이 높다. 재미를 통해 영어 학습을 유도한다는 생각 자체가 없다. 오로지 시험을 통해 영어 학습을 강요하는 쪽을 택한다.

점수, 평가, 서열 — 이런 것들 때문에 당장은 영어책을 집어 들겠지만, 오래가지 못한다. 억지로 하기에 재미를 느끼지 못한다. 시험 볼 때만 공부하고 마는 식이다. 겉으로 보기엔 난이도가 있는 단어도 알고 문제도 맞히니까 뭔가 실력이 있는 것처럼 보일 수 있다. 하지만 수능 영어에서 몇 등급을 받든 영어로 자기소개도 제대로 못하는 건 매한가지이다.

게임방 자동차 게임 점수, 노래방 노래 점수가 잘 나온다고 그 사람이 운전이나 노래를 잘하는 것은 결코 아니다. 그러나 점수를 요구하는 우리 영어 교육은 아이들을 게임방으로, 노래방으로 밀어 넣으며 점수를 잘 받으라고 강요하고 있다.

5 여담 하나.

현재 국내에서 중국 전문가로 손꼽히는 내 친구에 대한 얘기를 해 보겠다. 대학에 들어갈 때 나는 영어과를, 그 친구는 중국어과를 택했다. 1학년 여름 방학 때쯤 같이 중국집에 밥을 먹으러 갔을 때의 일이다. 그 친구는 중국어로 종업원에게 말을 걸고 대화를 나누기 시작했다. 같이 갔던 친구들 모두 놀라서 신기한 모습으로 쳐다봤다.

그 대화 모습은 아직도 내 기억에 남아 있다. 그 친구가 중국어를 잘해서가 아니다. 어느 정도 수준의 대화인지 내가 알 길은 없었으니 말이다. 외국인과 외국어로 대화를 나눈다는 것 자체가 신기했다. 더듬더듬하면서 대화를 이어 나가는 모습이 참 인상적이었다.

'나라면 이런 상황에서 영어로 먼저 말을 걸 수 있을까?' 그 순간 이런 생각이 들었다. 자신 없었다. 중학교 때부터 6년을 배운 영어이고 명색이 영어 전공자인데 내게는 그런 자신감이 없었다. 나는 그 친구의 거침없는 자신감이 부러웠다.

그 친구에게 중국어는 하나의 언어였기에 부족한 중국어 실력이지만 먼저 대화를 시도한 게 아니었을까? 반면에 중고등학교 내내 단지 시험 과목으로 영어를 대해 온 내 머릿속에서는 틀리고 어색한 영어는 입 밖으로 나와서는 안 된다고 생각했을 것이다. 틀려도 좋으니 일단 말을 해 놓고 생각하는 친구의 중국어. 반면에 틀리면 안 되니 머릿속에서 완전한 문장이 완성될 때까지 말을 하지 못하는 나의 영어. 언어일 때와 지식일 때가 이렇게 다르다.

중고등학교 때의 수업 경험이 영어 학습에 도움이 아니라 장애물로 작용할 수 있다는 것을 처음 느낀 순간이었다. 그 이후로 그런 경험은 물론 계속 있었다. 솔직히 말하자면, 지식 영어가 내게 남겨 놓은 소심함은 아직도 내 마음속에서 완전히 사라지지 않았을지 모른다.

시험을 위한 지식 영어가 남긴 후유증은 생각보다 크다.

학생도 선생도
외로운 수업

학교 수업은 갈 길이 바쁘다.
정해 놓은 스케줄대로 혼자 질주한다.
학생들이 쫓아오고 있는지 살펴볼 틈이 없다.
수업의 종착역은 대학 입시이다.
<u>궁극적인 목표는 입시 고득점이다.</u>
<u>고득점이 목표인 상태에서는</u>
<u>진정한 언어 교육이 이루어질 수 없다.</u>

1 선생과 학생이 함께 가지 않는 우리의 영어 수업. 선생은 앞에서 수업을 하지만 학생은 수업을 듣지 않는다. 아니, 듣고 싶지만 쫓아갈 수 없을 정도로 수업은 앞에서 혼자 가 버린다. 우리 수업은 갈 길이 바쁘다. 정해 놓은 스케줄대로 혼자 질주한다. 끝판을 깨야 한다는 강박 관념에 학생들이 제대로 쫓아오고 있는지 살펴볼 틈이 없다.

영어 수업은 왜 혼자 달아나는 걸까? 중학교 1학년 때는 별 어려움 없이 쫓아가던 아이들이 왜 학년이 올라갈수록 뒤처지다가 결국엔 영어 수업과 멀어지게 될까? 아이들이 공부를 안 해서 혹은 게으르기 때문이라고 생각해 버리면 그만인 건지 궁금하다.

2 앞에서 원어민 열 살 아이의 얘기를 했었다. 영어를 10년 했으면 영어 하나는 완벽하게 할 것 같은데 실제로는 그렇지 않다. 10년 동안 뭘 했기에 영어가 아직 서툰 걸까?

이 세상 모든 아이들은 별 스트레스 없이 모국어를 배운다. 언제까지 어느 정도의 실력을 쌓아야 한다는 부담이 없기 때문이다. 그래서 모국어의 기초를 다지는 데 충분한 시간을 들일 수 있다. 아이들은 탄탄한 기초를 다지고 있다. 금방 무너질 수 있는 모래탑을 계속 쌓아 올리지 않는다. 앞으로 살아가며 쌓아 갈 모국어를 위한 기초를 다진다. 넓게 넓게, 또 넓게 다진다. 무너질 듯 불안하게 높이 쌓아 올리는 것이 아니라 묵묵히 사방으로 넓게 기초만 다진다. '높게'가 아니라 '넓게' 말이다.

단어 학습만 봐도 잘 알 수 있다. 섣불리 단어 개수를 늘리겠다는 욕심이 없다. 오히려 기본 단어의 여러 용법을 익히는 쪽에 치중한다. "엄마, 맘마" 하고 단어만 나열하던 실력에서 "엄마 밥 주세요", "엄마 배고파요" 같은 문장을 만들게 된다. 문장 구성의 기초를 쌓고 있는 것이다.

아이들은 이 시기에 '밥'에 해당하는 다른 단어로 '진지', '식사', '만찬', '연회' 등이 있다고 공부하지 않는다. '배고프다' 말고 '허기가 지다', '공복감을 느끼다' 같은 다른 표현이 있다는 것도 공부하지 않는다. 그저 기본 단어로 문장을 구성하는 연습을 몇 년 동안 반복할 뿐이다.

핵심은 문장이다. 단어가 아닌 문장 말이다.

어려운 단어 암기 vs. 쉬운 문장 반복 연습

그러나 영어 나이 열 살에 해당하는 우리 고3 학생들은 완전히 다른 모습이다. 10년 동안에 너무 많은 것을 해내야 한다. 앞에서 소개한 33번 문제를 풀 수 있는 실력을 만들어야 한다. 원어민 열 살 아이는 꿈도 꾸지 못할 엄청난 목표를 정해 놓고 달려가는 우리의 영어 나이 열 살 아이들.

영어 문장을 반복 학습하며 서서히 자신의 것으로 만들 시간은 없다. 쉴 새 없이 나오는 난이도 최상급의 단어들을 쫓아가는 것만으로 벅차다. 그 단어들의 뜻만 외우고 넘어가는 것이 우리 아이들의 영어 학습이다. 가령 이런 단어들이다.

ubiquitous   a. 어디에나 있는

carcinogen   n. 발암 물질

deterioration   n. 악화

    지하철 안을 둘러보면 영어를 공부하는 학생들이 제법 있다. 그러나 영어 문장을 연습하는 학생은 없다. 시험과 관련 없는 일반적인 영어 글은 고사하고, 시험 문제로 나오는 지문을 읽는 학생도 찾아보기 힘들다. 모두들 영어 단어만 본다. 깨알같이 정리한 단어장을 펼치고 '영어-우리말 뜻', '영어-우리말 뜻', '영어-우리말 뜻' 이렇게 외우고 있다.

    이 아이들에게 영어는 과연 어떤 존재일까? 세상을 넓게 볼 수 있는 수단도 아니고, 외국 친구들과 소통할 수 있는 수단도 아니고, 좋아하는 영화나 드라마를 더 재미있게 볼 수 있는 수단도 아닐 것이다. 이 아이들에게 영어는 그냥 '암기'의 대상일 뿐이다. 암기하고 시험 보고, 시험이 끝나면 까먹고, 시험이 다가오면 다시 암기하고, 끝나면 또 까먹는, 다람쥐 쳇바퀴 같은 것이 영어이다.

    영어 실력이 는다는 생각도 없고 늘 것 같지도 않고, 그리고 실력이 는다는 것 자체가 뭔지도 모른다. 그저 암기하기만 바쁜 모습이다. 시험 지문에 나오는 글은 이해하지 못해도 괜찮다. 그 지문 안에 나온 단어 몇 개로 짐작해서 문제만 풀면 그만이다. 그래도 모르면 다섯 개 보기 중에 찍으면 된다. 우리 어른들이 어렸을 때 하던 짓을 그대로 하고 있다.

    원어민 열 살 아이의 영어 학습과는 완전히 반대의 모습이다.

3 학교 영어 교육의 목표를 어디로 잡아야 하는 걸까? 고
등학교 졸업할 때 어느 정도의 실력이면 교육이 그 임
무를 다했다고 볼 수 있는 걸까?

여러 이견이 있을 수 있다. 그러나 분명한 것은 현재 대학 입시가 요
구하는 영어 실력은 터무니없이 높다는 점이다. 시험 지식 영어 차원이
아닌 실전 언어 영어 차원에서 보면 현재 수능 난이도는 황당할 정도로
높다. 자기소개 하나도 제대로 못하는 학생에게 33번 문제를 풀라는
건 그냥 틀리라는 거나 마찬가지이다. 어차피 못 풀 문제이니 보기 중
에 하나를 찍으라는 말밖에 안 된다.

수능에는 33번 같은 문제가 나오는데, 학생들은 전혀 그 문제를 풀
실력이 안 된다. 게다가 아이들 실력마저 천차만별이니 수업이 제대
로 될 리 없다. 그래서인지 학교 수업은 일부만을 위한 것이 된 지 이
미 오래이다. 학교 수업은 정해진 길이 있다. 나가야 할 진도가 있고,
끝내야 할 교재가 있다. 그 길이 '진정한 영어 실력 향상'과는 아무 상
관없지만 영어 선생들은 그 길을 그냥 갈 수밖에 없다. 높은 분들이 정
해 놓은 길을 외롭게 홀로 가고 있는 영어 선생들. 영어 선생은 극한
직업이다.

수업의 종착역은 역시 대학 입시이다. 교육부 교과과정에서 어떤
미사여구로 포장한다 할지라도 수업의 궁극적인 목표는 입시 고득점
이다. 그걸 잘하는 학교가 명문 학교이고, 부모도 자기 아이가 그런 학
교에 다니기를 바란다. 아이들 역시 학교 수업은 대학을 가기 위한 준
비 과정으로 볼 뿐이다.

고득점이 목표인 상태에서는 진정한 언어 교육이 이루어질 수 없

다. 이런 식의 학교 영어 교육은 언어 교육이 아니다. 대학을 가기 위한 시험 과목의 하나로 아이들에게 고득점 획득 방법을 가르치는 수업일 뿐이다. 고득점을 원하는 학생은 쫓아오라고 하면서 오늘도 우리 영어 수업은 혼자 질주한다.

 학생들은 앞에서 혼자 가 버리는 영어 수업이 좋을 리 없다. 학교 영어 교육이 주는 가장 큰 해악은 바로 이것, 영어를 싫어하게 만든다는 것이다.

영어를 못하면 큰일 날 것처럼 말하는 나라이다. 영어를 안 하고는 편히 살기 힘들다고 생각하는 나라이다. 영어는 필수 과목이니 싫어도 해야 한다고 강요하는 나라이다. 그런데 정작 우리 교육은 영어를 싫어하게 만들고 있다.

한번 싫어하게 된 것을 다시 좋아하기는 쉽지 않다. 싫어하는 것을 잘하기는 어렵다. 평생 벗어나기 힘든 영어 스트레스는 이렇게 학교 수업에서 시작된다.

교육 당국은 영어 교육에서 손을 떼든지, 아니면 간섭을 최대한 줄여야 한다.

시험이 어려우면 실력이 늘까?

시험 문제가 어려울수록 실력이 는다고 생각한다.
모두가 다 아는 쉬운 것을 반복해
'제대로' 내 것으로 만드는 것이 먼저인데,
우리는 반대로 영어를 학습한다.
<u>학교 교육도, 시험도,
선생도, 학생도
모두 어려운 것을
우선시한다.</u>

1 아이들을 극기 훈련이나 병영 체험에 보내는 부모들이 있다. 극한 상황을 이겨 내야 더 강해진다는 논리이다. 그래서 아이들에게 유격 훈련을 시키고 심지어 얼차려까지 준다. 정말 그래야 강해지는 걸까?

영어도 비슷하다. 시험 문제가 어려울수록 영어 실력이 는다고 생각하는 사람들이 있는데, 문제는 그런 사람들이 영어 교육을 잡고 흔들고 있다는 점이다. 문제가 어려우면 학생들이 "강해지며 끈기가 생긴다"라는 말까지 들은 적이 있다. 언어를 무슨 격투기로 생각하는 사람들이다.

1990년대 중반, 잠깐 대학 본고사가 부활했던 때가 있었다. 각 대학이 자율적으로 시험 문제를 출제하도록 허용했었다. 당시 영어 문제의 난이도는 상상을 초월할 정도였다. 마치 어느 학교 문제가 더 어려운지 경쟁하는 듯했다. 문제가 어려워야 학교 수준도 올라간다는 착각 때문이다. 문제가 쉽게 나온 학교에서는 "학교 수준 떨어지게 왜 그랬냐?"는 말들이 나오곤 했으니 말이다.

중1보다는 중2 시험 문제가, 고1보다는 고3 시험 문제가 당연히 더 어려워야 한다고 생각한다. 그래서 대학 입시에는 가장 어려운 문제를 출제하나 보다.

 1994년 서울대학교 본고사에 출제됐던 영어 문제를 하나 소개한다. 간만에 보는 주관식 문제이다.

When most people believed in an essentially static and unchanging universe, the question of whether or not it had a beginning was really one of metaphysics or theology. One could account for what was observed equally well on the theory that the universe had existed forever or on the theory that it was set in motion by God at some finite time in such a manner as to look as though it had existed forever. But in 1929, Edwin Hubble made the landmark observation that wherever you look distant galaxies are moving rapidly away from us. In other words, the universe is expanding. This means that at earlier times objects would have been closer together. In fact, it seemed that there was a time, about ten or twenty thousand million year ago, when they were all at exactly the same place and when, therefore, the density of the universe was infinite. This discovery finally brought the question of the beginning of the universe into the realm of science.

Hubble's observations suggested that there was a time, called the big bang, when the universe was infinitesimally small and infinitely dense. Under such conditions all the laws of science, and therefore all ability to predict the future, would break down. If there were events earlier than this time, then they could not affect what happens at the present time. Their existence can be ignored because it would have no observational consequences. One may say that time had a beginning at the big bang, in the sense that earlier times simply would not be defined. It should be emphasized that this beginning in time is very different from those that had been considered previously.

In an unchanging universe a beginning in time is something that has to be imposed by some being outside the universe; there is no physical necessity for a beginning. One can imagine that God created the universe at literally any time in the past. On the other hand, if the universe is expanding, there may be physical reasons why there had to be a beginning. One could still imagine that god created the universe at the instant of the big bang, or even afterwards in just such a way as to make it look as though there had been a big bang, but it would be meaningless to suppose that it was created before the big bang. An expanding universe does not preclude a creator, but it does place limits on when he might have carried out his job.

* infinitesimally small: extremely small

1. Up to 1929, most people, whether they believed in God's creation or not, accepted the idea of unchanging universe.

2. If the universe is expanding, one may assume that there was a time when objects were all at exactly the same place.

3. One may say that time started with the big bang, in the sense that nothing could have happened before the universe began expanding.

4. It was after the discovery of the expanding universe that the question of the beginning of the universe became a scientific inquiry.

5. The big bang theory denies the existence of God in that it places limits on when he might have created the

universe.

6. If there were events before the big bang, they must have an effect on what happens now.

우리나라 최고의 대학이니 문제도 최고로 어려워야 한다고 생각했나 보다.

3 힘든 상황을 이겨 내면 강해질 수도 있다. 그렇다고 초등학생에게 마라톤 완주를 요구하지는 않는다. 노래를 잘 부르게 한다고 초등학생에게 오페라 아리아를 불러 보라고 하지는 않는다. 수리 능력 개발이 중요하다고 초등학생에게 미적분 문제를 풀라고 하지는 않는다.

아이들에게 마라톤, 아리아, 미적분을 평상시에 시키는 것도 황당한데, 평소에 전혀 이런 언급이 없다가 "오늘은 마라톤, 아리아, 미적분 시험을 보겠다. 체력, 노래 실력, 수리 능력을 향상시키기 위해서는 이런 걸 해야 해"라는 식으로 들이대면 어떤 느낌일까? 영어 실력은 제대로 올려 주지도 못하면서 시험 때 어려운 문제를 들이대면 도대체 어쩌라는 말인가?

고3 학생들의 영어 실력은 미국 초등학생 정도이다. 이런 아이들에게 앞에서 소개한 1994년 본고사 문제를 낸다? 마라톤을 뛰고 미적분 문제를 풀라는 것과 하나 다를 바 없다. 23년이 지난 2017년 수능의 33번 문제를 보면 아무것도 바뀌지 않았음을 알 수 있다. 내년에도 올해처럼 변별력, 난이도 얘기만 할 것이 뻔하다.

 반대로 생각해 보자. 한국어 실력이 열 살 한국 아이 정도인 미국인에게 다음 글을 제시하고 이해 여부를 물어본다고 가정해 보자. (아까 소개한 수능 33번 문제의 번역문이다.)

슬픔은 불유쾌하다. 그렇다면 그것이 완전히 없는 상태라면 더 행복하지 않을까? 손해를 보는 것이 확실한데도 왜 그것을 받아들이는가? 아마도 우리는 스피노자가 후회에 대해 이야기한 말, 즉 누구든지 그것을 느끼는 자는 '두 배 불행하거나 두 배 무기력하다'는 말을 그것에 대해 이야기해야 할 것이다. Laurence Thomas는 '부정적인 감정'(없으면 우리가 더 행복할 것이라고 믿을 이유가 있어 보이는 감정들인 슬픔, 죄책감, 분개함, 분노와 같은 감정들)의 유용성이 그것들이 사랑과 존경심과 같은 그런 성향적인 감정에 대한 일종의 진실성을 보장해 준다는 점에서 찾을 수 있다는 것을 암시했다. 그 어떤 현재 일어나고 있는 사랑과 존경의 감정도 사랑하거나 존경하는 것이 사실인 그 기간 동안 줄곧 존재할 필요는 없다(존재할 수는 없다). 그러므로 때때로 현재 일어나고 있는 긍정적인 감정이 없는 상태에서 더 이상 사랑하지 않는다고 의심을 하게 될 것이다. 그러한 때에, 슬픔과 같은 부정적인 감정이 사랑과 존경심의 진실성에 대한 일종의 증거를 제공한다.

이런 글을 읽고 문제를 푸는 것이 그 미국인이 한국어를 공부하는데 과연 도움이 될까? 영어를 언어로 생각한다면 이런 문제는 낼 수 없을 것이다. 영어를 지식으로 보기 때문에 가능한 문제이다.

영어를 지식으로 보기에 영어 점수가 높으면 머리가 좋은 아이, 점수가 낮으면 공부를 못하는 머리 나쁜 아이로 간주한다. 영어를 지식으로 보기에 남들이 모르는 것을 알고 있어야 인정받는다. 주변에서 치켜세워 주니 으쓱해진다. 똑똑하고 머리가 좋은 것으로 간주하기 때문이다.

반대로 영어를 언어로 본다면, 세상 사람들이 다 알고 있는 것을 자신도 알고 있으면 된다. 더도 덜도 필요 없고, 그것으로 충분하다. 남들이 모르는 것이 아닌, 모두가 알고 있는 것을 알면 된다. 그런 보편적인 단어나 표현을 가지고 공감하고 소통하는 것이 커뮤니케이션이기 때문이다.

모두가 아는 것을 아는 상태에서 남들이 모르는 특별한 것도 알고 있으면 아무 문제가 없다. 그러나 우리는 보편적인 내용은 무시하고, 잘 나오지 않는 단어나 표현에만 집착하는 것이 안타깝다.

글 읽기를 할 때도 비슷하다. 자신이 쉽게 이해하는 문장이나 글은 공부에 별 도움이 안 된다고 생각한다. 모르는 단어가 많이 나오면 나올수록, 즉 어려우면 어려울수록 유익하다고 생각한다. 사실은 절대 그렇지 않다. 모두가 다 아는 쉬운 것을 반복해 '제대로' 내 것으로 만드는 것이 먼저이다. 다른 사람들과 어울리며 언어생활을 하려면 당연히 그게 먼저이다. 그 다음 나이를 먹어 가고 경험이 쌓여 가며 필요에 따라 어려운 단어나 표현을 추가하면 된다. 어려운 것은 나중에 추가하는 옵션 정도로 취급해야 한다.

하지만 우리는 반대로 영어를 학습한다. 학교 교육도, 시험도, 선생도, 학생도 모두 어려운 것을 우선시한다. 오죽하면 평생 모르는 단어만 외우다 죽는다는 말까지 나오겠는가? 전부 다 알아야 한다는 생각을 버리면 되는데, 영어를 지식으로 간주하는 상황에서는 그게 쉽지 않다. 쉬운 것(쉬워 보이는 것)을 제대로 하는 것이 언어이다.

{ 영어가 아닌 영어 시험 잘 보는 법을 가르치는 이유

너무 쉬우면 시험의 의미가 없다고 하고,
너무 어려우면 사교육을 조장한다고 난리다.
영어 시험의 목적은 왜 항상
못하는 사람을 걸러내는 것일까?
모두의 실력을 올리는 것이 되면 안 되는 걸까?
열심히 해서 점수가 잘 나왔는데
그게 왜 문제가 되어야 하는가?

앞에서 소개했던 2017년 수능 영어 33번 문제를 다시 보자.

33. 다음 빈칸에 들어갈 말로 가장 적절한 것을 고르시오.

Grief is unpleasant. Would one not then be better off without it altogether? Why accept it even when the loss is real? Perhaps we should say of it what Spinoza said of regret: that whoever feels it is "twice unhappy or twice helpless." Laurence Thomas has suggested that the utility of "negative sentiments" (emotions like grief, guilt, resentment, and anger, which there is seemingly a reason to believe we might be better off without) lies in their providing a kind of guarantee of authenticity for such dispositional sentiments as love and respect. No occurrent feelings of love and respect need to be present throughout the period in which it is true that one loves or respects. One might therefore sometimes suspect, in the absence of the positive occurrent feelings, that _____. At such times, negative emotions like grief offer a kind of testimonial to the authenticity of love or respect. [3점]

* dispositional: 성향적인 ** testimonial: 증거

① one no longer loves

② one is much happier

③ an emotional loss can never be real

④ respect for oneself can be guaranteed

⑤ negative sentiments do not hold any longer

2　나름 영어를 오래 했다고 자부하지만 나는 이 글을 단 번에 이해할 수 없었다. 영어 원어민들조차 이해하지 못하고 급기야 답을 틀리는 영상이 유튜브에 올라와 있다. 원어민 조차 이해하지 못하는 글을 도대체 무슨 생각으로 대학 입시 문제 로 내는 걸까?

저작권을 의식해서 원작에서 몇 부분을 발췌해 재구성하고 일부 단어를 바꿔서 만드는 것이 우리 영어 시험의 지문들이다. 그래서 문 제의 지문이 누더기 같은 글이라는 말을 자주 들어 왔다. 분명히 영어 로 쓰였는데 잘 읽히지 않는 글. 어떤 느낌이길래 원어민조차 이해하 지 못하는 걸까? 잘 읽히지 않는 글이라는 건 또 뭘까?

33번 문제 지문의 번역을 다시 보자.

슬픔은 불유쾌하다. 그렇다면 그것이 완전히 없는 상태라면 더 행복하지 않 을까? 손해를 보는 것이 확실한데도 왜 그것을 받아들이는가? 아마도 우리 는 스피노자가 후회에 대해 이야기한 말, 즉 누구든지 그것을 느끼는 자는 '두 배 불행하거나 두 배 무기력하다'는 말을 그것에 대해 이야기해야 할 것이다. Laurence Thomas는 '부정적인 감정'(없으면 우리가 더 행복할 것이라고 믿 을 이유가 있어 보이는 감정들인 슬픔, 죄책감, 분개함, 분노와 같은 감정들)의 유용성이 그것들이 사랑과 존경심과 같은 그런 성향적인 감정에 대한 일종의 진실성을 보장해 준다는 점에서 찾을 수 있다는 것을 암시했다. 그 어떤 현재 일어나고 있는 사랑과 존경의 감정도 사랑하거나 존경하는 것이 사실인 그 기 간 동안 줄곧 존재할 필요는 없다(존재할 수는 없다). 그러므로 때때로 현재 일 어나고 있는 긍정적인 감정이 없는 상태에서 더 이상 사랑하지 않는다고 의심 을 하게 될 것이다. 그러한 때에, 슬픔과 같은 부정적인 감정이 사랑과 존경심 의 진실성에 대한 일종의 증거를 제공한다.

글이 안 읽힌다는 게 무엇인지 정확히 가르쳐 주는 예이다. 아이들이 33번 문제의 지문을 읽고 느낀 황당함은 지금 우리가 이 한글 번역을 읽은 후의 느낌보다 몇 배 더 강할 것이다. 우리 글이 이 정도인데 영어는 오죽했을까 싶다.

33번 지문을 이해하지 못한다고 학생들에게 "공부가 부족해서", "노력이 부족해서"라는 식으로 비난하지 말자. 만약 비난한다면 방금 우리 어른들도 우리 글을 읽고 이해하지 못했으니 "한국어 공부를 게 을리했고 노력이 부족했다"고 비난받아 마땅하다.

우리 학생들은 33번과 비슷한 성격의 지문을 가지고 만든 문제로 영어 시험 훈련을 하고 있다. 여기에 들어가는 시간과 돈, 노력이 너무 아깝다.

3 시험 문제도 문제지만 조금 전에 소개한 번역도 문제이다. EBS 해설서에 나온 번역인데, 전국의 선생들이 기출문제 수업을 할 때 참고할 번역이자 혼자 공부하는 학생들이 전적으로 의존할 번역이다.

이런 번역은 읽는 독자들에게 참 미안한 번역이다. 번역이라고 부르기도 창피할 정도이다. 번역은 영어를 모르는 사람들의 이해를 돕기 위한 것이다. 정말로 말도 안 되는 원문을 번역한 경우라면 모를까 번역을 독자가 이해하지 못한다면 그건 번역의 잘못이다.

33번 번역은 적어도 무슨 말인지 이해는 되게 했어야 했다. 최악의 번역은 번역가 자신도 이해하지 못하는 번역이다. 위 지문을 번역한 분은 과연 영어 원문을 제대로 이해하고 번역한 걸까?

앞에서 소개했던 어색하기 짝이 없는 일대일 번역이 생각난다

She is a new mom.
일대일 번역: 그녀는 새엄마이다.
문장의 의미: 아기를 낳은 지 얼마 안 됐다.

You are old enough to know better.
일대일 번역: 당신은 더 잘 알기에 충분할 정도로 나이를 먹었다.
문장의 의미: 지금 나이가 몇 살인데 그걸 모르니?

You have only so many years to live.
일대일 번역: 당신은 단지 그렇게 많은 살 수 있는 해를 가지고 있다.
문장의 의미: 무한정 살 수는 없고 언젠가는 죽게 되어 있다.

33번 번역이 이런 식이다. 각 영어 단어마다 우리말 대응어 하나를 골라 순서에 맞게 문장 안에 끼워 넣은 모습이다. 구글 번역이 이런 식이다. 생각난 김에 요즘 맹활약하며 사람들의 사랑을 듬뿍 받고 있는 구글 번역기에 33번 문제 지문을 넣고 돌려 봤다.

슬픔은 불쾌합니다. 그렇다면 그게 없이는 더 좋지 않을까요? 손실이 사실일 지라도 그것을 받아들이는 이유는 무엇입니까? 아마도 우리는 Spinoza가 후회에 대해 말했던 것, 즉 그것을 느낀 사람은 누구나 "두 번 불행하거나 두 번이나 무력해"라고 말해야 합니다. Laurence Thomas는 "부정적인 정서"(슬픔, 죄책감, 분노, 분노와 같은 감정, 겉으로는 우리가 없이는 더 나아질 수 있다고 믿는 이유가 있다)는 사랑과 존경 같은 처분적 감성을 위한 일종의 진실성을 보장하는 데 있다. 사람이 사랑하거나 존경하는 것이 사실인 기간 동안 사랑과 존경의 발생 느낌이 나타나지 않아야 합니다. 따라서 때때로 긍정적인 출현 감정이 없을 때 더 이상 사랑하지 않는다고 의심할 수도 있습니다. 그러한 시기에 슬픔과 같은 부정적인 감정은 사랑이나 존경의 진정성에 대한 일종의 평가를 제공합니다.

EBS 번역의 느낌과 너무 비슷하다. 분명히 우리말인데 읽어 보면 우리말이 아닌 것 같은 느낌이 든다. 사람이 아닌 기계의 입에서 나온 듯한 느낌이다. 구글 번역기의 성능이 아주 좋아졌다고 감탄해야 할지, 인간의 작품인 EBS 번역의 품질이 형편없다고 한탄해야 할지 모르겠다.

4 정말 궁금해서 진지하게 질문 하나 던진다.

문제 출제자들은 자신들이 출제한 지문의 정확한 의미를 알고 출제하는 걸까? 비슷한 느낌의 글을 가지고 비슷한 문제를 만들어 출제자들에게 풀라고 하면 제대로 이해하고 답을 골라낼 수 있을까? 원어민들도 황당한 표정으로 이해하기 힘들다는 반응을 보인 이 문제를 출제자들은 과연 풀 수 있을지 궁금하다.

유튜브에 이 문제의 해설을 올려놓았다. 그 동영상에서 밝혔듯이 나는 이 문제를 시간 안에 제대로 이해한 후 확신을 가지고 답을 골라내지 못했다. 이건 열심히 공부해서 맞히라고 내는 문제가 아니다. 틀리라고 내는 문제이다. 그러고는 변별력 때문이라는 평계를 댄다.

문제가 어려워야 변별력이 있다고 생각한다. 사람들이 틀리기 쉽도록 함정을 넣은 문제가 좋은 문제라고 생각한다. 이런 문제를 내면서 좋은 문제를 출제했다고 만족하는 사람들은 외국인도 어려워한다는 말을 듣고 뿌듯함을 느낄지도 모르겠다.

유튜브를 보면 자신도 정확히 이해하지 못하면서 다 아는 척 설명하고 있는 선생들도 많다. 한술 더 떠

33번 문제 강의 보기

서 이런 글을 제대로 이해하지 못해도 답을 골라내는 방법만 알면 된다고 주장하는 사람들도 있다.

고3 졸업반 학생은 33번 문제처럼 원어민도 이해하지 못하는 글을 놓고 주어진 시간 내에 답을 골라내야 한다. 고2 학생들은 33번 문제를 놓고 자신도 제대로 이해하지 못한 채 가르치는 선생이 알려 주는 답만 골라내는 요령을 배우고 있다. 우리 아이들은 이런 환경에서 영어를 배우고 있다. 아이들에게 미안해야 한다. 아이들에게 영어를 못한다고 잔소리하지 말자. 그렇게 만든 장본인은 어른들이기 때문이다.

앞에서 고3 학생의 영어 나이는 열 살 정도라고 했다. 전 세계 열 살 아이들의 언어 실력이 그렇게 뛰어나지 않다는 점도 언급했다. 영어 나이 열 살의 아이들에게 이런 지문을 읽고 답을 골라내라고 시키는 것이 우리의 수능 시험이다.

왜 이렇게 말도 안 되게 어려운 문제를 낼까?

문제가 어려울수록 있어 보인다는 착각. 문제가 어려워야 아이들이 열심히 공부할 거라는 착각. 문제가 어려워야 실력에 도움이 된다는 착각. 대학에 들어가면 원서를 봐야 하니 이 정도 글은 읽을 수 있어야 한다는 착각. 수능 시험은 학생들의 서열을 매기기 위한 것이라는 착각. 이런 여러 착각들 때문이다.

그런데 이 모든 착각의 가장 밑바닥에 자리 잡고 있는 최대의 착각은 정작 따로 있다. 바로 '영어 = 경쟁력'이라는 착각이다. (경쟁력에 대해서는 Part 4에서 자세하게 얘기하겠다.)

5 너무 쉬우면 시험의 의미가 없다고 하고, 너무 어려우면 사교육을 조장한다고 난리다. 영어가 어렵게 출제되면 다음 해 영어 학원은 장사가 잘 되고, 무난하게 출제되면 영어 수업의 인기는 떨어진다. 출제 경향을 보고 다음 해의 수업 방향을 잡느라 영어 학원 강사들은 바빠진다. 다음 해 시험이 출제되면 또 같은 현상이 반복된다.

영어 시험의 목적은 왜 항상 못하는 사람을 걸러내는 걸까? 모두의 실력을 올리는 것이 되면 안 되는 걸까? 시험이 우리에게 학습 동기를 부여해 줄 수도 있다. 자신이 열심히 했다는 것을 시험을 통해 확인해 보는 기쁨도 있지 않을까? "열심히 하니까 되더라" 이런 느낌 말이다. 그렇다면 점수는 높을수록 좋은 게 아닐까? 공부를 시킨 사람도 기분이 좋고 시험을 치른 학생도 기분이 좋고, 점수가 잘 나와야 성취감을 느끼는 것 아닐까? 점수가 전반적으로 높게 나오면 변별력에 문제가 있다는 주장이 도대체 이해가 안 된다. 열심히 해서 점수가 잘 나왔는데 그게 왜 문제가 되는가?

우리는 영어를 가르치고 있는 것이 아니다. 영어 시험을 잘 보는 방법을 가르치고 있다. 그 방법을 제대로 터득하지 못한 학생은 시험을 통해 걸러 낸다. 그게 우리의 영어 교육이다.

'영어 실력'보다 '점수'가 중요할까?

학생이나 선생이나 교육 당국의 관심은
'영어 실력'이 아니라 '점수'이다.
효율적인 선발 방식에만 관심이 있고,
어떻게 해야 효율적으로 학생들의 영어 실력을
늘릴지에 대한 얘기는 전혀 없다.
정책 변화에 따라 교육 현장도 그때그때 바뀐다.
<u>바뀌지 않는 것은
학생들의 영어 실력밖에 없다.</u>

1 "올해도 불수능, 쉬운 것보다 어려운 게 낫다"

2017년 1월 16일자 중앙일보 기사 제목이다. 수능 출제 관리 기관인 한국교육과정평가원이 밝힌 2018학년도 출제 경향에 관한 기사였다. 일부 내용을 소개한다.

> 2018학년도 대학수학능력시험(수능)은 지난해 수능과 같이 어렵게 출제될 것으로 보인다. 수능을 출제·관리하는 한국교육과정평가원이 '수능은 어려운 것이 쉬운 것보다 적절하다'는 결론을 내리고 올 수능에도 이런 기조를 유지할 방침이기 때문이다.
> 평가원 내부 보고서에 따르면 수능 출제를 총괄하는 수능출제연구팀은 지난해 전국 300개 고교 교사 1392명을 대상으로 수능 난이도에 대한 설문조사를 했다. … 중략 …
> "직전보다 수능 난이도를 어떻게 해야 하느냐"는 질문에 "더 어려워야 한다"(33.5%)가 "쉽게 출제"(12.5%)의 세 배에 가까웠다. 비율로 본다면 지난 수능이 "어려웠다"고 한 교사들 사이에서도 "더 어렵게 출제하자"는 의견이 나온 것이다.
> 이를 토대로 연구팀은 "수능은 어려운 것이 쉬운 것보다 적절하다는 반응"이라고 해석했다. 그러면서 보고서에서 "2016학년도 수능은 난이도 조절과 변별력 측면에서 가장 성공한 수능이란 평가가 나왔다. 연구팀은 보고서에 "2018학년도 수능부터 영어 영역에 절대평가 체제가 도입됨으로써 난이도 일관성 유지에 대한 학교 현장 요구가 증대될 수 있다"며 "점수에 대해 예측 가능성을 높여야 한다는 요구도 있다"고 밝혔다.

"2016학년도 수능은 난이도 조절과 변별력 측면에서 가장 성공한 수능"이라고 자랑하고 있다. 난이도 조절과 변별력이 아니면 할 말이 그렇게 없는 걸까?

문제가 더 어려워져야 한다고 생각하는 선생들. 어려운 것이 쉬운 것보다 적절하다는데, 과연 어떤 목적에 적절하다는 걸까?

 영어를 '절대평가'로 바꾼다는 대목도 눈에 띈다. 다음은 교육부에서 나온 절대평가 관련 정책 해설 중 일부이다.

> 학생들 간의 상대평가 체제의 현행 수능 영어 방식은 성적 향상을 위한 무한경쟁을 초래하여 교육과정의 범위와 수준을 넘는 과잉 학습이 유발되는 문제가 있었다. 학교 현장에서 학생들의 영어 능력을 실질적으로 향상시키기 위한 수업보다 수능 대비를 위한 문제 풀이 위주의 수업이 이루어지기 때문에 균형 있는 영어 능력 향상에 한계가 있었다. 학생을 변별하기 위해 난이도가 높은 문제를 출제하는 경향이 나타나 불필요한 학습 부담과 사교육비 부담이 초래된다는 지적도 많았다. 절대평가에 대한 논의는 이런 고민에서 비롯되었다.

상대평가는 내 점수보다 다른 사람의 점수가 더 관심사이다. 내가 아무리 잘해도 나보다 잘한 사람이 몇 명인지가 관건이다. 다른 사람을 이기는 것이 목적이다. 반면에 절대평가를 하게 되면 다른 학생의 점수보다는 내 점수가 몇 점인지만 신경 쓰면 된다.

하지만 상대평가를 하든 절대평가를 하든 그게 뭐가 그렇게 중요할까? 평가 방식이 바뀌는 것이지 영어 실력이 좋아지는 건 아닌데 말이다. 절대평가로 바뀌어도 수능 대비 문제 풀이식 수업은 바뀌지 않을 것이고, 아이들은 여전히 대충 답만 맞히면 된다고 생각할 것이고, 대학 새내기들의 영어 실력은 여전히 형편없을 것이다.

학생이나 선생이나 교육 당국의 관심은 '영어 실력'이 아니라 '점수'이다. 효율적인 선발 방식에만 관심이 있고, 어떻게 해야 효율적으로 학생들의 영어 실력을 늘릴지에 대한 얘기는 전혀 없다. 물론 이것이 어제오늘의 일은 아니다.

2018년 수능부터 바뀐다고 이미 발표됐기에 이번 변화가 주는 충격은 그렇게 크지 않다. 입시 시장은 이미 이런 변화에 대비해 돌아가고 있다. 수능이 쉬워지면 상대적으로 내신 비중이 올라갈 거라는 예상에 여러 강사들이 내신 시장으로 옮겨 가고 있다. 각 학교별로 시험을 분석한 후 학교별 내신 특화 수업이 더 강화된다. 정책 변화에 따라 우리 교육 현장도 바뀐다. 바뀌지 않는 것은 학생들의 영어 실력밖에 없다.

앞으로 높은 분이 누가 될지에 따라 몇 년 후에 다시 상대평가 방식으로 돌아가지 말라는 법도 없다. 그때 가서는 어떤 발표를 할까?

절대평가 방식 하에서 전반적인 문제 난이도 하락으로 학생들의 학업 성취도가 낮아졌다는 우려가 있다. 침체에 빠진 사교육 시장을 활성화시키기 위한 대책이 필요한 시점이기도 하다. 일각에서는 대학

교육을 받을 수준에 필요한 영어 이해 실력이 필수라고 주장하기도 한다. 상대평가에 대한 논의는 이런 고민에서 비롯되었다.

이럴지도 모른다.

객관식 필기시험 점수를 통해 학습을 유도하고 학생을 평가하고 신입생을 선발하겠다는 생각 자체를 버려야 한다. 수능 점수와 영어 실력이 별 상관 없다는 것은 전 국민이 경험을 통해 알고 있다. 심지어 출제 위원들 자신도 겪어 봤으니 잘 알고 있지 않을까? 그런데도 그 '점수'의 덫에 계속 갇혀 있는 이유가 궁금하다.

평가 방식을 고민하지 말자. 평가를 안 하면 된다. 평가를 한다면 필요한 학생들만 제대로 하면 된다. 영어와 전혀 관련 없는 전공을 선택할 학생들까지 왜 영어 점수가 필요한지 모르겠다.

3 조금 전에 살펴본 기사에서, 수능을 더 어렵게 출제해야 한다고 생각하는 교사들이 그렇지 않은 교사들보다 세 배가 많다고 했다. 어려운 문제가 쉬운 문제보다 더 적절하다고 생각하는 걸까? 과연 무엇에 어떻게 적절하다는 걸까?

계속 의문이 든다. 왜 그렇게 생각할까?

선생이라면 학생은 열심히 공부해야 한다고 생각한다. 공부를 하게 만드는 방법 중 하나가 점수이고, 문제가 너무 쉬워 점수 따기가 어렵지 않으면 그만큼 공부를 덜 한다고 생각한다. 공부를 상대적으로 더 열심히 한 학생이 보상도 더 많이 받아야 한다고 생각한다. 문제가 쉬우면 변별력이 떨어져 공부를 많이 한 학생이 오히려 불리하다고 여긴다. 권위주의에 빠져 있는 선생이라면 문제가 어려울수록 과목과 자신의 권위가 올라간다고 생각할지도 모른다. 문제가 너무 쉬우면 성적이 고루 분포되지 않기 때문에 등급을 매기고 서열을 정하기가 힘들 수도 있다.

'점수 = 실력'이라고 믿는 선생이라면 문제가 어려울수록 학생의 실제 영어 실력도 올라간다고 생각할 수 있다. 하지만 객관식 시험의 '점수 = 실력'은 정말 커다란 착각이다. 아이가 영어를 잘했으면 하는 순수한 바람에서 나온 생각이겠지만, 그게 착각인 것은 분명하다.

선생 역시 자신이 어렸을 때부터 그런 교육을 받아 왔기에 그렇게 믿는 것일 수도 있다. 그게 아닌 것 같다는 생각이 들어도 시험 점수를 대신할 방법이 없기에 '점수 = 실력'이라고 습관적으로 생각한다. 그러나 이렇게 비효율적인 평가는 이제 우리 영어 교육에서 없어져야 한다. 완전히 없애는 것이 불가능하다면 시험 방식이라도 바꿔야 한다.

'영어 교육'이라는 이름의 땅 한가운데에 알박기 하고 전혀 비켜날 기미가 보이지 않는 '영어 시험' ─ 이제는 도려내고 들어내고 뽑아내야 한다. 이걸 선생 개인이 할 수는 없다. 교육 제도가 바뀌어야 한다. 제도의 변화는 문제의식에서 출발한다. 지금까지는 우리 영어 교육에 어떤 문제가 있는지 잘 몰랐다. 따라서 구체적인 문제 제기도 거의 없었다. 문제가 있음에 공감하는 사람들이 늘어날수록 제도가 변화할 가능성도 높아질 거라고 확신한다.

시간이 아깝다. 가장 창의적으로 머리가 돌아가야 할 시기에, 늦지

도 않을 영어 실력을 위해 창의성과는 거리가 먼 암기력 향상 훈련을
하고 있는 우리 아이들. 그 시간이 너무 아깝다.

영어가 즐거운 세상을 위한 희망 사항

영어는 우리 삶에 커다란 도움을 주고
세상을 넓게 볼 수 있게 해 준다.
고마운 존재인 영어를 학교 교육 때문에
싫어하지는 않았으면 하는 바람이다.
<u>우리 세대에서는 영어를 어려워했다.</u>
<u>그러나 요즘 아이들은</u>
<u>영어를 싫어한다.</u>

1 나는 영어가 재미있다. 영어를 나름 오래 했지만, 처음
보는 단어나 표현은 아직도 계속 나오고 여전히 잘 모
르는 것들투성이다. 그래도 재미있다.

우리말이 아닌 다른 언어를 할 수 있다는 것이 아직도 신기하다. 영
어를 통해 누군가와 글이나 말로 서로의 생각을 교환할 수 있다는 것
도 좋다. 영어 덕분에 의사 표현을 좀 더 적극적으로 할 수 있으니 고
맙다. 영어를 몰랐더라면 그냥 지나갔을 그 수많은 것들을 생각해 본
다. 영어는 내게 세상을 더 넓게 볼 수 있는 눈을 주었다.

영어를 좋아하는 한 영어 강사로서 소망이 있다고 앞에서 적었다.
다시 한번 적어 보겠다.

영어가 싫은 사람은 영어를 하지 않아도 괜찮은 세상이면 좋겠다
영어 좋아하는 사람은 부담 없이 배울 수 있는 세상이면 좋겠다

운전을 배우듯, 요리를 배우듯, 수영을 배우듯, 악기를 배우듯, 그렇
게 영어를 배울 수 있으면 얼마나 좋을까 — 늘 생각한다.

2 혼자 그려 보는 '영어 교육 유토피아'의 모습. 이렇게
바뀌면 얼마나 좋을까 꿈꿔 본다.

#교과 과정에서 영어의 비중을 줄이자
일주일에 몇 번, 몇 시간 수업을 하느냐가 중요한 게 아니다. 한 번

을 하더라도 어떻게 하느냐가 중요하다. 지식 영어는 필요한 영어 지식을 일방적으로 주입한다. 많이 만나면 만날수록 얻게 되는 지식이 많아지므로 자주 봐야 한다고 생각할지 모른다.

언어 영어는 철저하게 실기 위주의 학생 참여 수업으로 진행한다. 체육 시간에 교과서를 보지 않고 운동장에서 여러 운동, 놀이, 활동을 하는 것처럼 영어 시간도 영어 놀이를 하는 시간으로 만들자. 주어진 과제에 맞게 각자 집에서 다음 시간 발표를 위한 준비를 스스로 해 보는 것이다. 수업은 이렇게 지식 전달이 아닌 서로의 영어를 나누는 시간이 되어야 한다.

#시험을 없애자(줄이자)

시험이 없으면 아이들을 평가할 방법이 없다고 한다. 하지만 꼭 평가를 해야 하는 건지 잘 모르겠다. 평가 없이 아이들의 학습을 유도할 수 있는 방법은 전혀 없을까? 평가 없는 교육이라는 것이 정말 그렇게 황당한 주장인가?

평가가 완전히 없어질 가능성은 현실적으로 없어 보인다. 시험이 없는 삶을 살아 본 적이 없기에 불안하다. 아이들이 공부를 안 하면 어쩌나 걱정도 된다. 그렇다면 10년의 초중고 영어 교육 중 절반만이라도 시험 없이 가는 것은 어떨까? 틀려도 혹은 어색해도 눈치 보지 않고 거침없이 영어를 할 수 있으려면 처음 영어를 배울 때 '영어 = 시험' 또는 '영어 = 지식'이라는 생각 자체가 없어야 한다.

아이들이 우리말을 처음 배울 때를 생각해 보자. 처음에는 발음도 이상하고 어법도 이상하고 완전히 자기들 마음대로이다. 그 모습을 귀여워하면서 계속 시켰기에 아이들은 우리말을 배울 수 있었다. 처음부터 틀렸다고 지적하고 시험으로 평가했으면 결과가 어땠을까?

언어는 처음 배운 후 어느 정도 궤도에 오르기까지 상당한 기간이 걸린다. 시험을 없앨 수 없다면 최소한 처음 몇 년은 평가하지 말고 그냥 내버려 두자.

#객관식 문제를 없애자

이제 보기 중에 맞는 답을 고르는 시험 문제는 내지 말자. 물론 과거에 비해 객관식 문제의 비중이 줄어든 것은 사실이다. 하지만 더 줄여서 완전히 없애야 한다.

평가는 다양한 방식을 생각해 볼 수 있다. 저학년에서는 간단한 개인 발표를, 학년이 올라가면 팀을 만들어 특정 주제를 가지고 프로젝트를 꾸밀 수 있다. 아니면 한 학기 전체를 주고 영어 연극을 해 볼 수 있다. 생활 속의 영어 활용이란 주제로 국내에서 혹은 해외여행 중에 영어를 사용하는 장면을 동영상으로 찍어서 제출할 수도 있다.

현재는 수행 평가까지도 정해 준 범위 안의 내용을 기계적으로 암기하도록 하고 있다. 그러지 말고 아이들을 풀어 주자. 알아서 하게 놓아두면 수업 방식과 시험 방식은 거의 무한대가 될 수도 있다.

#영어 동아리를 활성화하자

학생들이 자발적으로 만들어 운영하는 영어 동아리가 요즘 늘어나고 있다는 건 반가운 일이다.

시험의 굴레에서 벗어난 수업을 하게 되면 영어를 좋아하는 학생들, 그래서 더 깊게 배우고 싶어하는 학생들이 지금보다 훨씬 더 많아 질 것이다. 이 아이들이 적극적으로 동아리를 만들어 영어를 함께 배워 간다고 생각해 보자. 동아리는 관심 분야(게임, 미드, 뉴스, 소설)별로 만들 수도 있고, 학습 분야(읽기, 쓰기, 청취, 말하기)별로 만들 수도 있다.

영어가 주는 순수한 재미를 즐기는 아이들 ― 참 보고 싶은 모습이다.

#대학 입시 영어를 대대적으로 바꾸자

수능 영어의 비중이 과거에 비해 크게 줄어든 것이 사실이다. 수능 없이 내신만으로 대학에 가는 학생도 많고, 학교나 전공에 따라 영어 시험을 선택하지 않을 수도 있다. 그러나 여전히 우리 머릿속에는 "좋은 대학에 가려면 영어 점수가 잘 나와야 한다"라는 생각이 자리 잡고 있다.

영문학, 영어학, 통번역, 영어 교육 전공처럼 영어가 핵심인 학과는 당연히 영어 시험을 봐야 한다. 엄격한 잣대를 적용해 영어 실력자들을 엄선해야 한다. 음대나 미대는 해당 분야의 실기 시험을 보고 학생을 뽑는다. 음대나 미대에서 일단 수능 점수가 높은 학생을 뽑은 다음 피아노나 그림을 가르치지는 않는다. 영어 관련 학과도 당연히 그래야 한다. 피아노, 성악, 조각, 무용 등의 분야와 마찬가지로 영어도 하나의 전문 기술이다. 일정 수준에 오르는 데 상당히 오랜 기간이 필요한 전문 기술이다. 영어와 관련 없는 학과에서 수험생의 당락을 결정할 때 사용하는 잣대로는 어울리지 않는다. 국문과에서 지원자에게 피아노를 쳐 보라고 하지 않듯이 영어 실력을 요구하는 것은 비합리적이라고 생각한다.

지금처럼 대학 입시에서 전공에 상관없이 영어가 공통적으로 들어간다면 영어 교육 정상화를 위한 이 모든 논의는 그 의미를 잃게 된다. 대학 입시에서 영어가 빠져야 중고등학교 영어 수업에 혁신적인 변화가 올 수 있다. 학교 영어 수업이 대학 입시의 굴레에서 벗어나야 아이들이 영어를 좋아하게 될 것이다. 영어를 좋아하면 영어를 잘할 수밖에 없다.

전 국민의 영어 스트레스를 없애고 여러 낭비를 줄이기 위해서라도 이제는 정말 결단이 필요한 때이다.

#대학 영어 강의를 없애자

영어 실력이 부족한 대한민국 교수와 학생들이 대한민국 대학의 강의실에서 영어로 수업하고 있다. 표현이 좀 과격하지만, 이건 미친 짓이다. (이 부분은 Part 4에서 더 자세하게 얘기하도록 하겠다.)

#입사 시험에도 변화가 있어야 한다

거의 모든 회사가 직원들이 영어를 잘했으면 하고 바란다. 영어와 관련 없는 직무 지원자에게도 영어 점수를 요구하니 말이다. 기업 입장에서는 이왕이면 다홍치마라고 영어까지 잘하는 직원을 뽑고 싶겠지만 그 생각을 바꾸는 것이 모두에게 도움이 된다고 생각한다.

기업의 채용 절차는 전적으로 기업이 알아서 할 일이지만 생각의 변화가 있기를 간절히 바란다. 수능에서 영어가 없어져도, 입사 시험에 영어가 남아 있으면 전 국민의 영어 스트레스는 사라지기 힘들다. 단순히 스트레스를 없애자고 하는 주장은 아니다. 국가, 기업, 개인의 경쟁력 제고를 위해서 하는 말이다.

 10년의 초중고 교육은 영어의 기초를 쌓는 기간으로 생각하자. 미국 아이가 열 살 때까지 영어의 기초를 다지는 것처럼 말이다.

열 살 아이의 언어는 화려하지 않다. TV 토론을 이해하지 못하고 신문을 봐도 잘 모른다. 전문적인 내용이 들어가면 힘들어 한다. 그러나 아이들은 자신이 모르는 것을 물어볼 수 있는 실력이 있다. 그리고 그걸 가르쳐 주면 이해할 수 있는 실력이 있다. 우리의 초중고 교육이 지향할 점이 바로 이것이다.

영어의 기초에 관한 예를 하나 들어 보자.

사과를 보여 주면서 "What's this?"라는 질문을 던지고 아이가 하는 답을 들어 보면 그 아이가 영어를 어떻게 배웠는지 어느 정도 알 수 있다. 원어민처럼 발음해야 한다는 생각에 입을 아주 크게 벌리면서 "애~~~쁠" 하는 아이가 있는 반면에, 그냥 조용히 "언 애플(an apple)" 하는 아이도 있다.

열 살 미국 아이가 10년 동안 배우는 영어 기초 중 하나가 이런 것, 즉 apple이라는 단어가 '사과'의 뜻일 때는 앞에 an이 온다는 것이다. an 없이 그냥 apple이라고만 하면 아이폰을 만드는 회사 Apple이 되기 때문이다.

시험 영어에서는 별것 아닌 것처럼 보이는 이런 것들이 쌓이고 쌓여 한 사람의 영어 기초가 완성된다. 기초에 해당하는 이런 것들을 나중에 한꺼번에 쌓아 올릴 수는 없다. 운동도 처음 배울 때 자세를 잘못 배우면 평생 가는 것처럼, 기초가 부족한 언어는 잘 늘지 않는다. 늘지 않으니 재미도 없고, 재미가 없으니 실력은 늘 제자리인 악순환이 반복된다. 영어를 해도 해도 늘지 않는 이유 중 하나가 바로 우리 영어 교육은 제대로 된 기초를 세워 주지 않기 때문이다.

우리 아이들에게 초중고 10년 동안 뭔가 거창한 걸 가르치려 들지 말자. 영어의 기초 체력을 길러 주는 선에서 만족하면 된다. 그 기초 위에 더 쌓아 올리는 것은 각 개인의 몫이다. 우리말은 모두 다 그렇게 배웠다.

 이 책의 원고가 마무리될 즈음에 '중학교 시험 단계적 폐지' 얘기가 나오고 있다.

대체적으로 이런 반응을 보인다. "시험이 없어지면 사교육비가 줄어들 거라고? 천만에! 할 애들은 다 한다. 왜냐하면 중학교 시험은 없어지더라도 고등학교 시험이 있으니까. 우리 아이 대학 보내야 하는데 중간에 학습 공백이 있으면 어떡해? 다른 아이들 학원 다 보내는데 우리 애만 안 보낼 수는 없지."

우리가 뭘 어떻게 해야 할지를 정확히 보여 주는 대목이다. 정말 사교육비를 줄이고 영어 교육을 정상화시키려면 궁극적으로 수능을 손봐야 한다. 대학 입시에 영어가 버티고 있는 한 어떠한 선의의 개혁도 실현되기 힘들다.

'대학수학능력평가' 시험은 이름만 그럴듯할 뿐, 그 시험에서 영어 점수가 잘 나온다고 대학교에서 영어로 뭔가 해 볼 실력이 아니라는 것은 모두 알고 있다. 아무리 좋은 학원을 다니고 아무리 비싼 과외 수업을 받아도 안 된다. 대학 영어 수업도 영어 실력 향상에 별 도움이 안 되기는 마찬가지이다. 대학에 들어가면 수능에서 이름만 바뀐 다른 시험이 기다리고 있고, 어디든 취직하기 위해서는 그 시험을 잘 봐야 하니 또다시 시험에 맞는 영어 공부를 해야 한다. 취업한 후에도 달라지는 것은 하나도 없다. 영어 학원을 계속 다녀야 하고 좋은 인강이 뭐가 있는지, 할인 행사를 하는 업체는 어디인지 계속 알아봐야 한다.

사실 영어 교육을 제대로 하자는 주장은 많은 사람들이 해 왔다. 하지만 이런 모든 생각, 의견, 주장을 단번에 비현실적인 것으로 만들어 버리는 현실이 하나 있다. 바로 수능 영어 시험이다.

성공과 행복, 여유로운 삶을 위해서는 일단 대학 졸업장이 필수라고 생각하는 것이 우리 사회이다. 거의 모든 부모들이 그렇게 생각하고 아이들 자신도 그런 생각을 갖고 산다. 아이들의 10대 시절은 오로지 대학 입시에 맞춰져 있는 게 현실이다. 아이가 대학만 갈 수 있다면 뭐든 하는 게 우리 사회이다. 이런 수능에 영어가 공통 과목으로 떡하니 자리 잡고 있다. 수능이 바뀌지 않으면 영어 교육은 도저히 바뀔 수 없다.

5 영어 공부를 어떻게 해야 제대로 하는 거냐고 중고등학생들이 나에게 메일을 보내거나 카페 게시판을 통해 문의한다.

최근 몇 년 동안은 이런 식으로 답을 해 주었다.

"학교 수업과 시험이 마음에 들지 않지만 어쩌겠냐. 주어진 상황에서 최선을 다해 대학생이 되자. 대학생이 되면 영어 학습에 있어 선택의 폭이 넓어진다. 그때 자신이 하고 싶은 대로 영어 공부를 제대로 재미있게 해라."

현실적으로 해 줄 수 있는 최선의 충고라고 생각했다. 그런데 저 충고 속에 나오는 "대학생이 되면, 제대로 재미있게" 이게 거의 불가능하다는 걸 몰랐다.

아이들은 대학생이 된 후에도 영어를 제대로 재미있게 할 수 없다. 영어가 싫기 때문이다. 왜 하는 건지, 하면 뭐가 좋은 건지 모르고 초중고 10년 동안 기계적인 암기만 되풀이했고, 그 결과는 영어 기피 또는 영어 혐오로 이어졌다.

세상을 바꿀 수는 없으니 현실을 이겨 내야 한다고 말했다. 그러나 이제는 세상을 바꿔 줘야 한다. 아이들에게 이겨 내라고만 하지 말고 어른들이 행동에 나설 때이다. 아이들이 영어를 좋아할 수 있게 환경을 바꾸자. 그래서 영어를 좋아하는 아이들은 웃으면서 영어를 배울 수 있고, 영어를 싫어하는 아이들은 부담 없이 영어를 포기하고 다른 것을 하게 해 줘야 한다. 영어 외에도 인생에 값진 것들은 많다.

사람마다 다른 적성과 취향을 인정해야 한다.

예전에는 중고등학생들이 영어를 언어로 보고 매일 꾸준히 했으면 하는 바람 같은 게 있었다. 지극히 비현실적인 바람이었지만 그때는 그랬었다. 그 이후에는 대학 입시를 이겨 내고 대학생이 된 후 제대로 했으면 하는 바람이 있었다. 그런데 요즘은 그 바람마저도 달라졌다.

아이들이 영어를 싫어하지만 않았으면 하는 바람이다. 영어는 우리 삶에 커다란 도움을 준다. 영어를 조금만 잘하면 세상을 넓게 볼 수 있다. 영어는 참 고마운 존재이다. 그런 영어를 학교 교육 때문에 싫어하지는 말라는 게 요즘의 바람이다.

우리 세대에서는 영어를 어려워했다. 그러나 요즘 아이들은 영어를 싫어한다.

'영어 =
경쟁력'
이라는 착각

Part 4

영어 = 경쟁력 에 이의를 제기하면 항상 듣는 말이 있다
"아니, 영어 잘해서 나쁠 게 뭐야?
잘하면 좋잖아?"
경쟁력과 별 상관 없으니 영어 하지 말라고 주장하는 게 아니다

잘하면 당연히 좋다
뭐든 잘하면 좋지 나쁠 건 없다
운전도 서툴게 하는 것보다 잘하는 게 더 좋다
노래도 음치인 것보다 잘하는 게 더 좋다

영어, 당연히 잘하면 좋다
그러나 잘하면 좋은 것과 경쟁력은
엄연히 구별해야 한다
어떤 경쟁력이 있다는 걸까?
영어 실력이 어느 정도여야 경쟁력이 있는 걸까?
그 실력을 어떻게 해야 만들 수 있을까?
아니, 만들 수는 있는 걸까?

영어에 쏟아붓고 있는 그 엄청난 돈
'영어 = 경쟁력'이라는 환상 속에 빠져
그냥 무의식적으로 쓰고 있을지 모른다

{ 정말 영어 하나만 잘하면 되나?

해외에서는 영어가 그렇게 특별한 존재가 아니다.
가장 보편적인 의사소통 수단인 영어는
세상에서 가장 경쟁력 없는 기술이라고 해도
과언이 아니다.
영어 경쟁력은 우리 땅에서나 해당된다.
<u>모든 선발 기준에 영어가 들어가니</u>
<u>영어를 못하면</u>
<u>낙오하는 사회이기</u>
때문이다.

I'm good at ENGLISH

1 "영어 하나만……" 우리가 자주 하는 말이다.

"영어 하나만 잘해도 얼마나 좋을까" 혹은 "우리 아이, 다른 건 몰라도 영어 하나만은 잘하게 할 거예요" 같은 식이다. "영어 하나만 제대로 배워 와도 괜찮아요"는 조기 유학 보내는 부모들이 흔히 하는 말이고, 대학생들이 휴학하는 단골 이유 중 하나가 영어 공부 때문이다. "휴학하면서 영어 하나만 제대로 해 보려고요."

우리에게 영어는 매우 중요한 존재인 듯하다. 그거 하나만 잘해도 좋다는 사람이 많은 걸 보니. 한편으로, 영어는 무척 어려운 존재인 모양이다. 그거 하나만 잘해도 좋다는 사람이 많은 걸 보니.

중요한데 어렵다. 이 두 가지 이유 때문에 우리는 영어를 잘하는 사람을 부러워한다. 잘하는 건 자기 모국어밖에 없는 외국인 영어 강사들이 이 땅에서 상전 대접을 받으며 살아간다. 부모 덕분에 어렸을 때 영어를 습득하기 좋은 환경에서 자란 이른바 해외파들은 평생 영어 스트레스 속에 사는 사람의 입장에서는 선망의 대상이다.

영어가 중요하다는 말을 어렸을 때부터 듣고, 어렸을 때부터 영어를 시작한다. 많은 외국어 중 유독 영어에 집착한다. 어른들은 "영어를 잘해야 출세한다"는 말씀까지 할 정도이다. 왜 하는지, 어떻게 하는지도 잘 모른다. 영어는 당연히 할 줄 알아야 하는 존재로 우리 마음속에 자리 잡고 있다.

거의 의무적으로 해서 그런지 영어 학습의 정당성에 대해 이의를 제기하는 사람은 찾아보기 드물다. 무서울 정도이다. 어떻게 전 국민이 '왜', '어떻게'도 모르는 상태에서 뭔가 하나에 이렇게 집착할 수 있을까?

정말 출세하려면 영어를 잘해야 하는 걸까? 영어라는 언어는 정말 엄청난 경쟁력을 지니고 있는 걸까?

2 국제 시대, 세계화 시대이니 국제 경쟁력을 먼저 살펴보자. 이건 간단하다.

세계적으로 I speak English.라고 할 수 있는 사람이 10억에서 20억이라고 한다. 영어 된다고 말하는 사람이 이렇게 많은 것이다. 현재 세계 인구가 약 75억인 걸 감안하면 엄청난 수이다.

희소성, 특별함, 독특함 ― 경쟁력과 어울리는 단어들이다. 그런데 10억에서 20억 명, 전 세계적으로 이렇게 많은 사람이 영어를 할 줄 안다. 과연 경쟁력을 언급할 수 있는 건지 모르겠다. 영어라는 언어 자체가 국제 사회에서 경쟁력이 있다면 영어 원어민들은 태어나는 순간 자동적으로 경쟁력을 갖게 된다는 말인데, 이 역시 수긍하기 힘들다.

영어가 약간 된다고 우쭐하다가도 비행기를 타고 해외로 가는 순간 그 우쭐함은 전부 사라지기 마련이다. 미국 땅에 내리면 사방에 온통 영어 잘하는 사람 천지인데, 무슨 경쟁력을 따지겠나? 우리 땅이 아닌 곳에서의 영어는 사실 '의사소통 수단'에 불과하다. 그 이상도 그 이하도 아니다. 사람과 사람이 의사소통을 하는 여러 수단 중 가장 보편적인 것 ― 그것이 영어의 원래 모습이다. 영어 좀 한다고 잘난 체하지 않고, 좀 못한다고 고개 숙이지 않는다. 잘하면 의사소통이 편하고, 못하면 의사소통이 불편할 뿐이다. 의사소통이 안 되면 손짓, 발짓을 동원하면 된다.

　보편적인 것은 경쟁력과는 거리가 멀다. 경쟁력을 가지려면 어떤 식이든 차별성, 독특함이 있어야 한다.

　가장 보편적인 의사소통 수단인 영어는 사실 이 세상에서 가장 경쟁력이 없는 기술이라고 해도 과언이 아니다. 영어 능력은 장점이 될 수 있다. 그러나 그 자체가 엄청난 경쟁력이 있는 능력이라고 보긴 힘들다. 운전할 수 있다고 국제적인 경쟁력이 있다고 하지는 않는 것처럼 말이다. 물론 쓸모나 효과 면에 있어서 영어가 운전보다 나을 수도 있지만, 보편적인 기술이라는 차원에서 보면 영어나 운전이나 큰 차이는 없다.

　언어로 국제 경쟁력을 따진다면 영어에 비해 능력자가 상대적으로 훨씬 적은 희귀한 언어가 오히려 더 경쟁력이 있다고 봐야 한다. 경쟁력을 염두에 둔다면 영어가 아닌 다른 언어를 택하는 것이 더 합리적이다.

 해외에서는 영어가 그렇게 특별한 존재가 아니다. 그렇다면 혹시 영어 경쟁력은 우리 땅에 국한된 주장이 아닐까?

　국내에서의 영어 경쟁력은 역사가 좀 된다. 일제 시대에 권력을 누리기 위해서는 일본어를 잘해야 했다. 일본이 항복하고 미군정 시대가 되면서 일본어의 자리를 영어가 차지하게 된다. 권력의 중심부에 있으려면 영어를 잘해야 했다. 6.25 전쟁 이후 미국과 긴밀한 관계를 맺고 있던 상황에서 미국 유학 경험이나 영어 구사 능력은 엄청난 장점이었다. 출세를 하려면 영어가 필수였던 것이다. 우리 땅에서의 영어 경쟁력은 이렇게 시작됐다. 영어 구사 능력을 무슨 박사 학위라도 되는 양 떠받들어 줬던 것이 우리의 옛 모습이다. 그래서인지 영어를 할 줄 안다고 하면 어른들 중에는 "배운 사람이네" 하는 분들이 아직도 있다.

영어는 이 땅에서 하나의 외국어로 시작한 것이 아니다. 신분 상승의 요소였던 것이다. 출세를 위한 불순한 의도였다. 따라서 영어 교육도 그런 의도를 따라갈 수밖에 없었고, 그런 의도는 사라지지 않고 아직도 우리 교육에 남아 있다. 우리의 영어 교육은 순수하게 영어 구사 능력을 가르쳐 주는 것이 아니라 영어 능력이 있는 사람과 없는 사람을 가려내기 위함이 그 목적이다.

목적이 '학습'이 아니라 '평가'이기에 시험을 보고 그 점수로 학생들을 비교한다. 줄을 세워 서열을 매긴다. 학습을 위한 것이라면 기본적이고 보편적인 내용을 강조하겠지만, 평가를 위한 것이기에 '기본', '보편'이 아닌 '고급', '예외'를 중시한다. 어려운 문제를 내서 틀리는 사람이 나와야 서열을 매길 수 있기 때문이다. 우리 영어 시험이 쓸데없이 어려운 이유이다.

이 땅에서는 사람을 비교해서 걸러내는 도구 중 하나에 불과한 것이 영어이다. 경찰 공무원이 되고 싶어도 영어 시험을 봐야 하고, 국문학과나 국사학과를 지원해도 영어 시험을 봐야 한다. 누구를 어떤 목적으로 뽑는지에 관계없이 영어를 잘해야 명함이라도 내밀고 이력서라도 낼 수 있는 형편이다.

이렇게 영어 경쟁력은 우리 땅에서나 해당된다. 모든 선발 기준에 영어가 들어가니 영어를 못하면 낙오하는 사회이기 때문이다. 영어가 막강한 경쟁력을 지닐 수밖에 없는 사회적 분위기이다. 앞으로는 영어 경쟁력을 말할 때 '국제', '세계', '지구촌', '글로벌' 같은 단어는 붙이지 말자. 그냥 '국내 경쟁력'이라고 하는 게 맞다.

 예전에 한 선배의 말 — "평생 해외여행 두 번, 그것도 패키지로 다녀온 것밖에 없는데, 영어 좀 잘해 보겠다고 왜 그렇게 돈을 쓰고 스트레스를 받으며 살았는지 모르겠다." 현실적으로 영어 공부를 안 한다고 해서 큰일이 일어나는 것은 아니다. 사실 모든 외국어가 그렇다. 외국어는 선택이지 의무가 아니니까. 영어가 다른 외국어처럼 실용적인 차원의 의사소통 수단이었다면 '영어 = 경쟁력'이라는 말은 나오지 않았을 것이다.

하지만 우리에게 영어는 평가 수단이다. 인생을 결정짓는 고비 때마다 영어가 나타나 우리를 시험한다. 그래서 어렸을 때부터 영어가 중요하다는 얘기를 주변에서 듣는다. 나름 열심히 공부하지만 실력은 늘지 않는다. 몇 년을 붙잡고 공부한 영어인데 간단한 자기소개도 하기 힘든 실력밖에 안 된다.

인생에 중요한 평가 기준이라 열심히 하는데 실력은 좀처럼 오르지 않으니 '영어 = 경쟁력'이라고 생각할 수밖에 없다.

5 실력이 오르지 않는다고 방금 말했지만, 다른 외국어 실력이 지금의 영어 실력 정도 된다면 결코 우습게 볼 수 있는 실력이 아닐 것이다. 다른 외국어와 같은 선상에서 보면 우리는 대부분 영어를 할 수 있는 사람들이다. "I speak English."라고 자신 있게 말할 수 있는 사람들이다.

그러나 우리는 어느 정도 영어 실력을 갖추고 있는 사람도 선뜻 "영어 한다"는 말을 꺼내지 못한다. 가만히 생각해 보면 우리는 영어에 대해서 '한다'라는 단어 자체를 잘 쓰지 않는 것 같다. 영어에 어울리는 단어는 '한다'가 아니라 '잘한다'이다.

영어 하세요? or 영어 잘하세요?

영어 못 해요 or 영어 잘 못해요

영어 하려면 어떻게 하죠? or 영어 잘하려면 어떻게 하죠?

우리는 무의식 중에 영어에는 '잘'이라는 부사를 붙여서 말한다. 우리 머릿속에 영어는 그냥 하는 게 아닌 '잘' 해야 하는 것으로 들어가 있을지도 모른다. 그래서 웬만큼 하는 실력인데 우리는 스스로가 영어를 '못' 한다고 생각하고 있을지 모른다.

시험 문제 풀이 위주의 지식 영어가 낳은 폐단 중 하나이다. 100점이 아니면 별 의미가 없는, 모르는 단어가 하나라도 있으면 창피한, 내가 아무리 잘해도 나보다 잘하는 사람이 있으면 그 의미가 반감되는 분위기 속에서 우리는 영어를 배웠다. 단순히 영어를 '하는' 정도로는 성에 차지 않는다. '잘' 하지 않으면 안 되는 것이다.

영어를 못하는 이유는 물론 여러 가지이다. 아예 영어와는 담을 쌓고 지낸 사람도 있고, 열심히 하기는 했지만 황당한 학습법에 빠져 시간 낭비만 한 사람도 있고, 실전이 아닌 이론에만 매달린 학자 타입도 있을 것이다. 그러나 상당한 영어 실력을 보유한 사람이 완벽주의 때문에 주눅이 들어 자신은 영어를 '못' 한다고 생각하는 경우도 많다. '잘' 해야 한다는 강박이 낳은 결과이다.

{ 영어 잘하는 사람 말고
영어도 잘하는 사람

글로벌 차원에서 보면
영어는 그다지 특별할 게 없는 기술이다.
영어보다는, 경쟁력을 갖출 수 있는
자신만의 '무언가'를 찾는 일이 먼저이다.
<u>사회가 원하는 것은
그냥 영어 잘하는 사람이 아니라
영어'도' 잘하는
사람이다.</u>

나는 영어를 좋아한다. 대학도, 대학원도, 졸업 후의 직장과 인터넷 사업, 그 후 학원 강사까지 ― 모두 영어 학습이나 교육과 관련된 쪽이었다. 영어가 좋아 미련하게 영어 하나만 파고 살아온 인생이다.

한때 이민을 생각했었다. 그러나 국내에서는 영어 하나로 경쟁력이 있었지만, 막상 해외로 눈을 돌리니 "내가 잘하는 게 뭐가 있지?"에 대한 확신이 없었다. 알량하게 자랑거리로 삼고 살았던 영어는 해외에서는 특별한 능력이 아니었다. 영어권 국가의 경우에는 더더욱 그랬다. 나보다 영어를 잘하는 사람이 사방에 깔렸는데 영어가 무슨 특기가 되겠는가?

우물 안 개구리였던 셈이다. 한국 안에서는 잘난 척하며 내세우던 영어 실력이 우물 밖에서는 별거 아닐 수 있다. 물론 주변에 영어를 못하는 사람들만 있으면 영어는 경쟁력이 된다. 그러나 이른바 글로벌 차원에서는 그다지 특별할 게 없는 기술이 바로 영어이다.

경쟁력이 있는 사람은 자신만의 특별한 것이 있다. 남들과는 다른 무엇, 남들보다 뛰어난 무엇, 남들보다 앞서 시도한 무엇, 남들은 생각하지 못한 기발한 무엇 ― 그 '무언가'가 바로 경쟁력이다. 그런데 영어는 그 '무언가'와는 전혀 거리가 멀다. 특별하지도, 다르지도, 뛰어나지도, 기발하지도 않다. 영어는 시간이 지나면 익숙해지는 보편적인 기술일 뿐이다. 운전처럼 말이다. 경쟁력이 있는 그 '무언가'는 전문성, 창조성, 독창성을 필요로 한다.

　영어 경쟁력은 자신만의 그 '무언가'를 만들고 난 후에 생각해 볼 일이다. 아무런 특별한 능력도 없는 사람이 영어를 못한다고 해서 경쟁력이 떨어지지는 않는다. 그 사람은 원래 경쟁력이 없는 사람이다. 적어도 '영어 경쟁력'을 논하려면 특정 분야에서 어느 정도의 수준에 올라 있어야 한다.

　주변에 있는 영어를 잘하는 사람, 그래서 자신이 부러워하는 사람을 떠올려 보자. 그 사람은 십중팔구 영어만 잘하는 사람이 아닐 가능성이 높다. 자신의 특기나 장기가 있는 상태에서 영어 능력도 뛰어난 경우일 것이다. 영어는 특별한 '무언가'에 부수적으로 따라붙은 '플러스 알파' 같은 존재일 뿐이다. 영어가 부수적인 능력이 아닌 주된 능력인 사람은 거의 없다. 있다면 통번역사나 영어 강사 정도일 것이다.

　창의적 인재라는 말을 흔히 한다. 경쟁력을 갖고 싶으면 창의력이 있는 분야로 가야 한다. 보편적인 분야인 영어는 창의적인 것과는 거리가 멀다. 영어는 창의적인 작업을 더 돋보이게 해 주는 '플러스 알파' 정도이다.

　플러스 알파는 플러스 알파일 때 의미가 있지 주제 넘게 주인공의 자리를 차지하면 안 된다. 헷갈리지 말자. 사회가 원하는 것은 그냥 영어 잘하는 사람이 아니라 영어 '도' 잘하는 사람이라는 것을.

"그 무언가를 잘하면서 동시에 영어도 잘하면 좋은 거 아니야? 그게 그렇게 어렵나?"

물론 둘 다 잘할 수 있으면 좋겠지만 그게 현실적으로 참 힘들다. 영어를 잘한다는 게 어느 정도인지 사실 애매하지만, 잘한다는 소리를 들으려면 적어도 이 정도는 돼야 하지 않을까?

일상 영어에서 벗어나 전문 분야의 의사소통이 가능한 수준. 회사에서 영어로 보고서를 작성하고 발표(PT)를 진행할 수 있는 실력. 해외 출장 가서 상대를 설득시키고 올 수 있는 능력. 외국 유학 생활에 큰 어려움이 없는 실력. 영어로 된 영화나 드라마, 뉴스를 (완벽하지는 않아도) 자막 없이 충분히 이해할 수 있는 실력.

수동적으로 시험공부 위주의 영어 학습을 해 온 사람들이 위에 적은 정도의 영어 실력에 도달하는 것은 현실적으로 너무 어렵다. '현실적'이라고 한 이유는, 이 수준에 오르기 위해서는 영어에 상당한 시간을 투자해야 하기 때문이다. 학원에 몇 달 다니는 정도로는 힘들다. 영어에 개인적인 시간을 엄청 써야 하는데, 영어 하나만 신경 쓰면서 살 수는 없기 때문에 '현실적'으로 어렵다는 말을 한 것이다.

몇 달만 투자하면 안 되던 영어가 금방 될 거라고 떠들어대는 광고들 덕분에 우리는 크게 착각하고 있다. 뭐 어떻게 하면 금방 되지 않겠냐고 말이다. 하지만 시험과 실전은 완전히 딴판이다. 게임방 자동차 게임을 서울 시내 출퇴근길 운전에 비유할 수 없는 것과 같은 이치이다.

영어 공부를 제대로 해 보지 않은 사람들은 영어 실력이 금세 늘 수 있다고 착각한다. 영어 실력을 토익이나 토플 점수로 평가할 수 있다고 생각하는 사람, 단어를 많이 암기하면 영어를 잘할 거라고 생각하는 사람, 회화 학원 몇 달이면 의사소통이 될 거라고 생각하는 사람들의 착각이다. 시험에 찌든 영어 학습이 만들어 낸 착각이다. 시험 전 벼락치기 암기 공부로 점수를 올리는 영어밖에 해 보지 않았기에 영어 실력을 점수와 연관시켜서 생각한다. 금세 느는 건 점수이지 실제 실력은 그렇지 않다.

앞으로는 "동시에 영어도 잘하면 좋은 거 아니야? 그게 그렇게 어렵나?" 같은 말을 섣불리 하지 말자. 무척 어려우니 말이다.

경쟁력 있는 '무언가'를 가진 사람이 '영어도 잘하는' 상태를 만드는 것은 정말 어렵다. 경쟁력을 생각한다면 일단 두 마리 토끼 중 하나는 포기하는 게 현명하다. 하나에 집중한다면 그 하나는 당연히 영어가 아닌 '특별한 무언가'가 되어야 한다. 그것이 무한 경쟁 시대에서 경쟁력을 갖는 길이다. 이건 한 개인에게만 해당되는 말이 아니다. 기업에도 해당되고 우리나라에도 해당된다.

학생들은 실력에 별 도움도 안 되는 암기식 영어로 각종 단어만 머릿속에 쑤셔 넣고 있다. 그런 암기는 이제 그만 시키자. 학생들에게 더 중요한 것은 각자의 독특한 '무언가'를 찾는 작업이다. 싫어하는 영어를 억지로 시키지 말고, 좋아하는 것을 하게 하자. 좋아하면 시키지 않아도 열심히 한다. 열심히 하는데 실력이 늘지 않을 리가 없다.

자신만의 '무언가'를 찾을 때 비로소 경쟁력을 갖게 된다. 영어는 그 다음 문제이다.

입사지원서에 영어 점수를 요구하는 기업의 이기심

기업에 영어 잘하는 사람이 왜 필요할까?
영어가 꼭 필요한 부서가 아님에도
왜 모든 지원자에게 영어 점수를 요구하는 걸까?
정말로 기업 경쟁력을 생각한다면
<u>암기로 올린 영어 점수보다</u>
<u>자신만의 '무언가'를 갖춘</u>
<u>지원자를 선발해야 한다.</u>

기업에서 사람을 뽑을 때 영어 실력을 본다. 예전엔 토익이 대세였지만 요즘은 토익 외에 다른 시험 점수를 요구하기도 한다. 토익은 문법과 단어 학습 위주의 시험이라 실제 영어 활용 능력이 뛰어난 인재를 뽑을 수 없다는 궤변을 늘어놓으면서 말이다.

기업 인사 담당자들은 이렇게 말한다. "요즘 대학생들, 뽑고 보면 실제 영어 실력이 형편없어."

이런 말을 들으면 궁금해진다.

영어 잘하는 사람이 왜 필요할까?

필요하다면 직접 테스트를 하지 왜 외부 시험 점수에 의존할까?

인사 담당자들은 해외파라 우리 영어 교육의 실태를 잘 모르나?

남들 영어 못한다고 말하는 자신들의 영어 실력은 정작 어떤지?

기업에 영어 잘하는 사람이 왜 필요할까? 영어가 꼭 필요한 부서라면 모르겠지만, 왜 모든 지원자에게 영어 점수를 제출하길 요구하는 걸까?

"영어를 쓸 일도 없는데 왜 영어 잘하는 사람을 뽑아?"라고 물어보면 "영어 잘해서 나쁠 게 있나?", "이왕이면 영어도 잘하는 사람이 더 낫지 않나?"라는 식으로 답한다. 당장 필요하지는 않지만 나중에 혹시 필요할 수도 있다는 대답이다. 좀 얄밉지만 기업 입장에서는 당연히 들 수 있는 생각이라고 본다.

그런데 하나만 더 생각해 보자. 지원자에게 영어 점수를 요구할 때는 일정 수준이 있다. '무슨 시험의 몇 점 이상' 같은 식의, 이른바 커트라인이 있는 셈이다. 지원에 필요한 최소 요건이라고 할까? 하지만 그런 식이라면 차라리 영어 점수를 요구하지 않는 편이 모두에게 이득이라고 생각한다. 기업과 지원자 모두에게 이득일 것이다.

영어를 정말 열심히 하는 사람도 물론 있다. 그러나 현실적으로 영어에만 신경을 쓸 수 없는 게 요즘 젊은이들이다. 따라서 대부분은 커트라인을 염두에 두고 그 점수만 만들어 놓는다. 이런 식으로 점수만 따기 위한 학습으로는 실제 영어 실력은 좋아지지 않는다. "요즘 대학생들, 뽑고 보면 실제 영어 실력이 형편없어"라는 말이 나올 만한 실력이다. 점수를 따려고 공부한 영어였기에 한동안 영어를 멀리하면 다시 금방 내려갈 실력이다.

이 정도 실력은 기업이 입사 후에 자체 영어 교육을 통해서도 금방 만들 수 있다. 자체 교육이 힘들면 학원 수강을 지원해 줄 수도 있다. 즉, 기업은 입사 후에도 금방 만들 수 있을 정도의 실력을 지원자들이 미리 알아서 갖추고 오도록 요구한다. "준비된 지원자라면 당연히 자기들이 준비해야 하는 것 아니야?" 갑의 입장에 있는 기업은 이런 식이다. 자기 돈을 쓰면서까지 교육을 시키고 싶지는 않은 것 같다.

하지만 을의 입장에서도 생각해 보자.

열심히 해도 실력은 늘지 않고 왜 해야 하는지도 모르겠는데, 기업은 점수를 요구하니 영어를 완전히 놓을 수도 없는 것이 현실이다. 기업이 처음부터 아예 점수 제출을 요구하지 않으면 많은 지원자들이 영어에 신경 쓰지 않아도 된다. 이건 상당한 의미가 있다.

영어에 소질이 없는 사람은 영어에서 손 떼고 자신의 전문 분야나 지원 분야에 대한 준비, 노력, 공부, 학습에 더 많은 시간을 쏟을 수 있다. 각 개인의 진정한 경쟁력 개발에 더 힘을 쓸 수 있다는 말이다. 시험 점수로 위장한 짝퉁 경쟁력에 불과한 영어 때문에 허비하는 시간을 최대한 줄여 줘야 한다.

사실 그 알량한 영어 커트라인 때문에 진정한 인재를 놓칠 수도 있다. 그 인재는 자신의 분야에 너무 열중했기에 영어에 신경을 쓸 시간이 없었고 영어 점수와는 거리가 먼 삶을 살아왔을 수도 있기 때문이다.

전 직원이 영어를 잘해야 한다는 고정 관념을 버리자. 그럴 수도 없고, 그럴 필요도 없다. 영어는 필요한 직원만 하면 된다. 단, 그 직원은 영어를 '매우 잘' 해야 한다. 그 직원의 경쟁력은 영어이기 때문이다. 이것이 기업을 위해서, 나라를 위해서 그리고 각 개인을 위해서도 바람직한 길이다.

3 "아니야, 우리 기업은 전 직원이 영어를 잘해야 해" 이렇게 영어에 대한 신념이 확고한 기업도 있다. 업무 성격이나 사장님의 신념 때문일 수 있다.

진심으로 영어가 전 직원의 경쟁력이라고 확신한다면 외부 시험 점수로 영어 실력을 판단해서는 곤란하다. 그 점수는 문제를 풀고 답을 골라낸 결과일 뿐 실제 영어 실력을 제대로 보여 주지는 못하기 때문이다.

그럼 커트라인을 더 올려 "토익 950점 이상!"이러면 되지 않겠냐고 생각할지 모르겠다. 물론 영어 실력자를 뽑을 가능성은 높아진다. 그러나 실력은 뛰어나지 않은데 특정 시험에 특화된 이른바 '시험 전문가'에 불과한 사람을 뽑을 가능성도 같이 높아진다.

시험 점수를 기준으로 사람을 뽑은 후에 "요즘 대학생들, 뽑고 보면 실제 영어 실력이 형편없어" 같은 말은 하지 말자. 정말 영어 경쟁력을 갖춘 사람이 필요하다면 기업이 직접 뽑아야 한다. 업무 성격에 맞게 전문가와 협의를 거쳐 그 기업에 특화된 시험을 만들어야 한다. 면접 시험은 자기들이 기준을 정해 직접 보면서, 영어 시험은 왜 외부 시험 점수에 의존하는 건지 이해할 수 없다.

정말로 영어 능력자가 필요하면 직접 뽑으시라. 외부 영어 시험 점수에 의존하는 것은, 뽀샵질로 범벅이 된 사진만 보고 모델을 뽑은 후에 "요즘 모델들은 실물이 영 아니라니까!" 하는 것과 하나도 다를 바 없다. 영어 시험 점수는 포토샵으로 수정한 얼굴과도 같이 진정한 모습이 아니다.

영어가 정말 중요하면 기업 차원에서 자체 영어 시험에도 돈을 좀 쓰자. 그 돈, 얼마 안 든다.

 기업에서 대학생들의 영어 실력을 언급할 때마다 여러 생각이 든다.

우리 대학생들에게 어느 정도의 영어 실력을 원하는 건지?

공부를 소홀히 해서 실력이 이 정도밖에 안 된다고 생각하는지?
어학연수 경험이 스펙의 필수라고 생각하는지?
점수가 한 사람의 영어 실력을 제대로 보여 준다고 생각하는지?
그렇지 않다고 생각한다면 왜 계속 시험 점수를 요구하는지?

우리 대학생들의 영어 실력이 사실 그렇게 뛰어난 것은 아니다. 초중고 영어 학습 10년의 시간이 억울할 정도의 실력이다. 세계 어느 나라 아이들보다 공부를 열심히 하는 우리 10대들은, 안타깝게도 실력이 아닌 점수를 지향하는 영어 교육의 피해자이다. 대학생이 된 후에도 점수의 손아귀에서 빠져나오지 못한다. 이번에는 기업이 입사 조건으로 점수를 원하기 때문이다.

영어 시험 점수를 요구하면서 지원자의 영어 실력을 탓할 자격이 기업에게는 없다. 그 실력을 만든 장본인 중 하나이기 때문이다. 기업이 점수를 요구하지 않는다면 우리 학생들의 영어 실력은 지금보다 더 좋을 것이다.

어학연수 정도는 갔다 와야 하는 것 아니냐는 소리도 흔히 한다. 일반 시험 점수는 변별력이 낮기 때문인지 높은 시험 점수에 어학연수 경험 정도는 있어야 속된 말로 "비벼 볼 수 있다"는 말도 한다.

어학연수 가는 데 특별한 자격이 있는 것은 아니다. 돈만 있으면 갈 수 있다. 가기 전에 영어 실력이 어땠는지 모르고, 가서 열심히 했는지도 알 수 없다. 사실 어학연수는 우리나라에서 다녀도 될 회화 학원을 비싼 돈 들여가며 외국까지 나가서 다니는 거라고 생각한다. 기업에서 어학연수라는 단어를 언급하는 것만으로 지원자들에겐 커다란 부담이 된다. 스펙 때문에 애먼 학생들을 외국으로 등 떠밀지 말자.

사실 기업 담당자들이 해외파가 아닌 이상, 즉 우리나라에서 중고 등학교 영어 수업을 받고 시험을 봐서 대학에 들어가 토익 시험을 보고 입사한 길을 걸었다면 우리 학생들의 실력에 대해 언급하지 않았으면 좋겠다. 학생들의 책임이 아니라는 것을 자신들도 겪어 봤으니 잘 알 것 아닌가?

또 그렇게 학생들의 실력에 대해 언급하기 전에 자신들의 영어 실력을 먼저 되돌아봤으면 좋겠다. 꼭 영어를 잘해야 직장 생활을 잘할 수 있는 건지, 아니면 영어는 못해도 업무 처리를 잘하면 문제없는 건지 생각해 보자.

 세계로 나가면 영어는 '보편적인' 기술이지만, 국내에 서는 일종의 '전문적인' 기술이다. 그러나 우리 기업은 영어를 '전문적인' 기술로 보지 않는 경향이 있다.

전문적인 기술로 본다면, 영어와 관련 없는 직종의 지원자까지 영어 점수를 제출하라고 하지는 않을 것이다. 전문적인 기술로 본다면, 회사에 적합한 영어 시험이나 기준을 자신들이 직접 마련하는 것이 마땅하지 않을까? 하지만 외부 시험 점수를 제출하는 정도로 만족하는 기업이 대부분이다.

영어 정도는 모두들 한다고, 해야 한다고 생각한다. 그래서 영어를 잘 못하는 직원은 졸지에 무능한 직원이 된다. 직원 평가에도 영어 점수가 반영된다. 덕분에 평생 영어 능력 없이 잘 살아온 기술직 종사자들도 갑자기 영어 학원에 다녀야 하는 경우가 생긴다.

높은 분들 중에도 영어 못하는 사람이 꽤 많다. 일반 직원이 영어를 못하면 무능한데, 사장이 영어를 못하면 무능하다고 하지 않는다. 영어를 못하는 사장은 통역사를 채용한다. 하지만 일반 직원들은 영어 문제가 생겼을 때 자신들이 해결해야 한다. 기업은 일반 직원들을 위한 영어 전문 직원(통번역사) 채용에는 인색하다.

영어 실력이 뛰어난 직원은 오히려 괴롭기까지 하다. 업무 외에 외국어 관련 잡일까지 맡아서 하기 때문이다. 외국에서 대학을 나왔거나 시험 점수가 높은 사람들이 그 대상이다. 영어 공부를 제대로 해 보지 않은 사람들은 번역이 얼마나 어려운지 모른다. 그래서인지 영어를 못하는 상사는 영어 시험 점수가 조금 잘 나온 직원에게 아무 거리낌 없이 번역 잡무를 시키곤 한다.

외부에 통번역 서비스를 의뢰할 때의 모습만 봐도 영어를 전문적인 기술로 보지 않는다는 것을 알 수 있다. 비용이 생각보다 높으면 "영어 하나 번역하는데 왜 그리 비싸냐?"는 말도 서슴지 않는다. 그러고는 비싸다며 영어 좀 하는 직원에게 다시 번역 잡무를 맡긴다.

6 기업은 욕심을 버려야 한다. 기업이 바라는 인재들 중에 '영어도' 잘하는 사람은 드물다. 시험 위주인 우리의 영어 교육에서는 기업이 바라는 이상적인 영어 실력을 갖추기는 거의 불가능하다. 그러니 너무 말도 안 되는 영어 실력을 지원자들에게 요구하지 말자. 하나라도 제대로 하는 사람이 두 가지를 대충

하는 사람보다 경쟁력이 높다.

현재 교육 제도 하에서 영어까지 잘하라고 요구하는 건 지원자들에겐 엄청난 부담이다. 기업이 요구한다고 엄청난 돈을 들여가며 어학연수까지 다녀오는 우리 학생들에게 어른들은 미안해 해야 한다. 10년 초중고 영어 교육으로 영어를 망쳐 놓은 후에, 실력은 너희들이 알아서 쌓으라는 식으로 그 책임을 학생들에게 전가하고 있으니 말이다.

정말로 기업 경쟁력을 생각한다면 암기로 올려놓은 영어 점수를 제출하는 지원자보다, 영어는 뒤질지 몰라도 자신만의 특별한 '무언가'를 갖춘 지원자를 선발해야 한다. 영어가 필요하면 영어만 전문적으로 하는 사람을 채용하자. 아니면 기업이 돈을 들여 직원들에게 영어 교육을 시키는 것이 맞다. 자신들은 가만히 앉아서 모든 걸 다 갖춘 지원자를 받아먹기만 하는 얌체 짓은 이제 그만하자.

요즘 학생들은 기업이 원하는 스펙에 맞추려고 노력한다. 하지만 다른 것에 비해 영어는 그렇게 금방 원하는 수준이 되지 않는다. 워낙 초중고 교육을 이상하게 받아서 그렇다. 그런 실력을 만들어 놓은 일차적인 책임은 우리 영어 교육에 있다. 그러니 학생들이 영어를 게을리했기 때문이라고 매도하지 말자.

기업이 생각을 조금만 바꾸면 우리 대학생들이 영어에 들이는 시간을 대폭 줄일 수 있다. 점수를 따려고 하는 영어 공부는 안 해도 된다. 차라리 그 시간에 학생들은 자신의 전문성을 높여야 한다. 기업이 영어 점수를 요구하지 않으면 된다. "영어는 신경 쓰지 말고 자신의 진정한 경쟁력을 높여라. 나중에 영어가 필요하면 회사가 실력을 늘려 주겠다" 이렇게 멋있는 채용 조건을 내거는 기업이 많아졌으면 좋겠다.

대학 입시에서 영어가 빠져야 대학생의 경쟁력이 올라가고, 입사 시험에서 영어가 빠져야 직원의 경쟁력이 올라간다. 그렇게 되면 국가 경쟁력은 자연히 같이 올라갈 수밖에 없다.

'영어 = 경쟁력' — 처음부터 다시 생각해 보자.

{ 이건
미친 짓이다

영어를 잘한다고 글로벌 인재가 되는 건 아니다.
세계 속 인재가 되려면 각자의 분야에서
최고가 되기 위한 노력을 해야지
영어에 너무 집착할 필요는 없다.
우선순위는 영어가 결코 아니다.
자신의 전문성을 길러야 한다.
전문성을 가진 사람이
영어까지 잘한다면
금상첨화가 되는 것이다.

1   '영어 = 경쟁력'이란 착각은 여러 부작용을 낳았다. 어린아이들을 영어 유치원에 보내고, 일부 초등학교에서는 영어가 아닌 일반 과목도 영어로 진행하고 있고, 중고등학교에서 영어 과목은 필요 이상의 비중을 차지하고 있다. 대학 입시를 비롯한 모든 시험에 영어는 거의 필수로 들어간다. 공교육 외에 개인이 돈을 들여 영어 학원에 다니고, 거액을 들여 해외로 어학연수를 떠나기도 한다.

그런데 최근 몇 년 사이에 부쩍 늘어난 현상이 하나 있다. 바로 대학교 '영어 강의'이다. 영어와 관련 없는 강의까지 영어로 진행하는 것을 말한다. 원칙적으로 교수는 영어로 강의하고, 학생은 영어로 질문하고, 숙제도 모두 영어로 제출하게 되어 있다.

이건 집착 단계를 넘어 광기라고밖에 볼 수 없다. 정말 미친 짓이다.

2   대학들은 글로벌 인재를 키우기 위해 영어 강의가 필요하다고 말한다. 하지만 앞에서 말했듯이 영어를 잘한다고 글로벌 인재가 되는 것은 아니다. 세계 속 인재가 되려면 각자의 분야에서 최고가 되기 위한 노력을 해야지 뉴욕 거지도 할 수 있는 영어에 너무 집착할 필요는 없다.

한 언론사에서 매년 대학을 평가해 순위를 매긴다. 지금은 없어졌지만 평가 항목 중에 '국제화 지수'가 있었다. 순위가 낮은 학교는 국제화 지수 항목에 치중했다. 외국인 유학생을 대거 유치하고, 영어 강의의 비중을 높이면 순위가 대폭 올라가곤 했다. 대학은 순위가 올라

214

가서 좋을지 모르겠지만, 영어 강의가 주는 피해는 고스란히 학생들에게 돌아간다.

초중고 내내 가르치고도 영어로 자기소개를 할 정도의 실력도 못 만드는 것이 우리 영어 교육이다. 대학생 정도면 이제 어른이다. 영어 공부가 필요하면 스스로 알아서 한다. 말도 안 되는 '글로벌 인재' 운운하며 영어로 학생들을 괴롭히는 짓은 하지 말자. 초중고 10년이면 됐다. 이제 그만하자.

일제 강점기에는 이름을 일본식으로 바꾸게 하고, 학교에서는 조선어를 선택 과목으로 돌리면서 강제로 일본어를 쓰게 만들었다. 21세기 한국 대학들은 자기들이 스스로 한국어 대신 영어로 수업하겠다고 나서고 있다.

제발 꿈 깨라. 대학 당국이 생각하는 것만큼 영어라는 언어가 호락호락하지 않다. 영어를 못하기는 마찬가지인 교수와 학생이 모여서 영어 수업을 한다고 영어 실력이 좋아지지는 않는다는 말이다. 제발 "아예 안 하는 것보다는 더 낫잖아?" 이 말 좀 하지 말자.

아예 안 하는 게 백 배, 천 배 더 낫다.

3 대학 평가 순위 때문은 아니라고 믿고 싶다. 대학 측은 학생들을 글로벌 인재로 키우기 위해 영어 강의를 한다고 말한다. 정말 글로벌 인재로 키울 수 있는지, 그 영어 강의가 학생들에겐 어떤 피해를 주는지 살펴보자.

세상의 모든 강의는 일종의 설득 작업이다. 물론 정보 전달 성격의 수업도 있다. 그러나 정보만 전달하는 수업이라면 굳이 사람이 가르칠 필요는 없다. 시청각 자료만 틀어도 되고, 관련 자료를 배포하고 읽어 보라고 하면 된다. 듣는 사람을 감동시키는 진정한 강의는 설득이다. 설득에는 상당한 능력이 필요하다. 관련 분야의 해박한 지식은 필수이고, 그와 함께 필요한 것이 언어 능력이다.

한국어 원어민인 나는 우리말로 수업하면서도 가끔 설득력에 한계를 느낀다. 나는 설명한다고 하는데 수강생들은 고개를 갸우뚱한다. 모국어를 가지고 설명하는 것도 힘든데, 하물며 외국어인 영어는 어떨까? 미국인 교수가 영어로 해도 힘들 수 있는 것을, 영어도 제대로 안 되는 한국인 교수들이 하고 있다. 그 한국인 교수가 그 분야의 세계적인 일인자라면 모르겠지만, 이해 불가의 영어로 하는 수업을 듣고 싶은 학생은 없을 것이다.

한국어보다 영어가 편한 교수라면 모를까, 한국어가 훨씬 더 편하고 영어는 조금 하는 정도라면 영어 강의를 해서는 안 된다. 정보 전달에 그칠 가능성이 높다. 자신이 적어 온 내용을 앵무새처럼 읊기만 한다면 강의의 질은 떨어질 수밖에 없다. 교수는 자신의 능력을 제대로 발휘하지 못한다. 학생들이 왜 그런 수업을 들어야 하나?

영어가 더 편한 교수나 영어가 모국어인 교수라면 수업 내용 전달에는 문제가 없을 수 있다. 그런데 우리 대학생들이 그 내용을 제대로 이해할 수 있을까? "하면서 적응해. 하다 보면 늘지 처음부터 잘하는 사람이 어디 있어?"라고 생각할지도 모르겠다. 이런 생각도 사실 큰 문제이다.

대학의 본질을 생각하자. 대학생들은 자신이 선택한 전공 과목을

216

배우러 대학에 온 것이지 영어 능력을 키우러 온 것이 아니다. 한국어보다 영어가 더 편한 학생이라면 모를까 한국어가 모국어인 학생들이 대학에서 배우는 고급 지식을 왜 이해력이 부족한 영어로 받아들여야 하는지 모르겠다. 우리말로 해도 어려울 수 있는 지식인데 왜 영어로?

문제가 더 있다. 영어 강의 중에는 질문도 영어로 하게 되어 있다. 학생들이 영어로 질문할 수 있을까? 교수나 학생 모두 영어보다 한국어가 더 편한 경우에는 전달도 못하고 이해도 못하고 확인도 못하는 웃지 못할 상황이 벌어진다.

도대체 왜 영어가 안 되는 사람들끼리 모여서 영어로 수업을 하고 있는 걸까?

영어 노출을 늘려 input의 양을 늘리려는 게 본래 취지일 것이다. 하지만 input도 input 나름이다. 영어가 달리는 교수의 입에서 나오는 영어는 굳이 머릿속에 입력시키지 않아도 될 영어일지 모른다. 영어 수업만 아니라면 엄청난 능력자일 수 있는 교수가 왜 영어 때문에 스트레스를 받아야 하나? 그것도 우리 땅에 있는 우리 대학에서 말이다.

4 학생 입장에서 다시 한 번만 생각해 보자.

학생들은 영어를 배우러 대학에 온 게 아니다. 학생들은 전공 분야의 전문적인 지식을 얻기 위해 대학에 입학한 것이다. 자신의 공부에 필요하지 않다면 영어는 안 할 수도 있다. 언어 학습은 혼자

하는 게 더 잘 맞는 사람도 있다. 도움이 정 필요하면 학원에 다니면 된다. 학교에서 굳이 영어 강의를 해 주지 않아도 스스로 영어를 학습할 수 있는 방법은 많다.

대학생이면 원서를 봐야 하니 영어를 해야 한다는 말도 한다. 도대체 대학생은 원서를 봐야 한다는 주장은 어디서 나온 건지 모르겠다.

이 주장은 우리 학생들의 영어 실력을 전혀 감안하지 않은 것이다. 영어로 자기소개 하나 제대로 못하는 실력인데, 전공 분야의 원서를 도대체 어떻게 읽는다는 말인가? 대학생이니 해야 한다고 무조건 우기지 말자. 안 되는 것은 안 되는 것이다. 영어 실력만 놓고 보면 초등학생 정도밖에 안 되는 학생들에게 당장 전공 분야의 원서를 들이민다고 해서 그냥 읽을 수 있는 건 아니다.

여기가 미국 대학인가? 아니, 왜 한국 대학에서 영어로 된 원서로 공부하라고 강요하는지 모르겠다. 그 책이 너무 좋아 꼭 교재로 쓰고 싶으면, 교수가 사비를 들여 그 교재를 번역해 학생들에게 나눠 줘야 하지 않을까? 아니면 필요한 부분만 자신이 발췌해 수업 때 활용하면 된다.

학생들은 죽을 맛이다. 실력은 안 되는데 원서를 보라고 하지 않나, 수업에 들어가면 교수가 영어로 수업하는데 교수 실력 때문인지 자기 실력 때문인지 이해도 안 된다. 입사 시험을 보려면 각종 영어 시험 공부도 해야 한다. 스펙을 쌓으려면 외국에 한 번 나갔다 와야 하는데 돈은 없다. 기초 영어 열풍이라고 해서 인터넷 강의를 들어 보니 당장 자신에게 필요한 건 하나도 없다.

우리 대학생들은 가뜩이나 힘들다. 노력은 몇 배로 하지만 취업은 몇 배로 힘들고 경쟁은 몇 배나 치열해진 지금 이 시대. 우리 어른들이 이렇게 만들어 놓았다. 이런 판국에 학교 순위를 올리겠다고 다른 대학이 하니까 우리도 해야 한다며 영어 강의까지 도입했다. 코미디도 정말 이런 코미디가 없다. '영어 실력 = 국제 경쟁력'이라는 착각이 낳은 여러 증상 중 하나이다.

대학생들의 우선순위는 영어가 결코 아니다. 자신의 전문 분야를 찾아야 한다. 전문성을 길러야 한다. 그 분야의 일인자가 되기 위한 노력을 해야 한다. 남들이 생각하지 못하는 시도를 해야 한다. 이런 사람이 영어까지 잘하면 금상첨화가 되는 것이다.

생각거리

우리나라 경찰 공무원 시험에 영어가 필수 과목이다

대부분의 우리나라 공무원 시험에는 영어가 필수 과목으로 들어 있다. 경찰 공무원 시험도, 소방 공무원 시험도 마찬가지이다. 영어를 쓰는 미국인 범인을 잡는 것도 아니고, 영어 안내문이 붙어 있는 영국 건물의 불을 끄는 것도 아닌데 영어가 왜 필요한지 모르겠다. 이 시험 역시 다른 객관식 영어 시험과 마찬가지로 그 실효성도 불확실하다.

명분도 실리도 없는 시험이다. 직무와 직접적인 관련이 없는 외국어 하나 때문에 경찰관이나 소방관의 꿈을 접어야 할 수도 있다. 기가 막힐 노릇이다. 제발 영어 가지고 애먼 사람 괴롭히지 말자. 공무원 중에 영어를 잘해야 할 사람들은 외교부 공무원들이다. 경찰관이나 소방관에게 영어를 강요하지 말고, 외교관들이 영어를 못한다는 소리나 안 나오게 하자. 시험이 필요한 쪽은 외교부이다.

영어는 꼭 필요한 사람이 매우 잘하면 되는 것이지 모든 국민이 꼭 해야 하는 것은 아니다.

아이의 영어 교육을 위해 가족과 이별하고 국내에 남아 교육비를 벌고 있는 아빠가 있다

얼마나 대단한 교육이기에 가족과 헤어지면서까지 시키는 걸까?

뒤집어 말하면, 우리 영어 교육은 얼마나 형편없기에 한 가족을 이렇게 헤어지게 만들고 있을까?

영어는 어렸을 때 익혀야 한다고 생각해 부부가 헤어져 산다. 기러기 아빠의 모습은 참 쓸쓸하고 안타깝다. 이상적인 결과가 나온 경우도 있지만, 결정을 뼈저리게 후회한 경우도 많기 때문이다. 아이가 영어를 잘하니 세상과의 소통은 편할지 모르겠지만, 정작 아빠와는 대화가 안 되는 모습. 우리가 원하는 가족은 그런 게 아니다.

가족을 갈라놓을 정도로 영어가 대단한 존재는 결코 아니다.

\# 친구 부모들은 영어 잘하는데 엄마 아빠는 왜 못하냐고 아이가 불평한다

전 국민이 평생 영어 스트레스를 받고 살아간다. 영어 유치원을 다녀오면 그날 배운 것을 부모에게 보여 줘야 하는 꼬마들. 옆집 아이보다 왜 못하냐는 비교를 그때부터 듣는다. 옆 반 아이는 토플 단어도 공부한다는 소식에 스트레스를 받는 초등학생들. 내신에 치이며 궁극적으로는 수능이라는 장애물을 넘어야 하는 중고생들. 시험 점수가 없으면 취업이 안 되니 스터디에 학원에 바쁜 대학생들. 회사 눈치가 보여서 영어 실력을 늘려야 하지만 시간도 돈도 없는 직장인들.

자기 아이를 옆집 아이와 비교했던 아까 그 부모에게, 이제는 아이가 물어본다. 친구의 부모들은 영어를 잘하는데 우리 엄마 아빠는 영어 실력이 왜 그러냐고.

외국어 하나가 우리를 평생 힘들게 한다.

영어로 자기소개도 못하는 영문과 학생이 셰익스피어 수업을 듣는다

나 역시 영어영문학 전공자였다. 입학 후 얼마 지나지 않아 "내 실력으로 지금 뭘 하겠다고 여기 있는 걸까?" 하는 생각이 들었다. 대학 입학 당시 내 영어 실력은 미국 초등학생 수준(그것도 저학년) 정도가 아니었을까? 그 능력으로 영문학과 영어학을 공부하겠다고 들어간 것이다. 우리 초등학교 1학년 아이가 국문학과에 들어가는 것과 하나 다를 바 없다.

기본적인 언어 능력도 없는 사람이 그 언어로 쓰여진 문학을 공부한다? 그것은 거의 불가능하다. 영문과는 이미 영어 기초가 닦여 있는 사람들이 가야 한다. 영문과는 영어를 잘하는 사람이 문학을 공부하는 곳이지 영어를 못하는 사람이 영어를 배우러 가는 곳이 아니다.

자신의 나이가 스물이면 영어 능력도 스무 살일 수 있다고 착각한다. 아니, 스무 살에 맞는 영어를 공부해야 한다고 생각한다. 하지만 현실은 그렇지 않다. 일반적인 스무 살 영문과 학생의 영어 실력에 적합한 교재는 셰익스피어가 아니라 영어 동화책이다. 뒤집어 말하면, 영문과에 들어가지 말았어야 할 실력이다.

영문과는 영어 특기자가 가는 곳이어야 한다.

반기문 전 UN 사무총장이 임기를 마치고 귀국해서 했던 말

"솔직히 말씀드리면 다자 정상회의 갔을 때 우리나라 대통령 중에 외국 정상과 통역 없이 (대화)할 수 있는 사람도 이승만 때부터 몇 분이나 되겠느냐. 그런 것이 상당히 안타깝다."

별게 다 안타깝다. 자신의 영어 실력에 대해 이런저런 얘기를 들었던 사람이 할 말은 아니었다. 영어 실력이 뛰어나다고 해도 해서는 안될 말이었다. 우물 안 개구리도 아니고 평생 외교관 생활을 한 이분조차 영어를 잘하면 그 사람의 위상이 올라간다고 착각한다. 정말 그렇게 믿는다면 본인부터 영어 실력을 더 쌓았어야 했다. 뉴욕에 가면 거지도 할 수 있는 게 영어이다. 우리나라에서나 떵떵거리지 해외에 나가면 영어는 그냥 하나의 언어일 뿐이다. 대통령이 영어를 못하면 영어를 잘하는 통역사를 쓰면 된다. 우리에게 필요한 대통령은 영어를 잘하는 대통령이 아니다.

몇 달이면 미드를 보고 뉴스를 이해할 수 있게 해 준다는 광고가 넘친다

우리 사회는 영어가 꼭 필요하지 않은 사람에게도 영어를 강요한다. 한국 사람에게 "아니, 영어도 못해?" 망언을 하기도 한다. 그래서 영어를 잘하는 사람들은 콧대가 높다.

반면에 다른 뛰어난 능력이 있어도 영어가 달린다는 이유 하나 때문에 고개를 숙이기도 한다. 그게 싫어서 영어에 돈과 시간을 투자하지만 영어 실력은 금방 늘지 않는다. 상황이 이러니 사기성 짙은 영어 광고에 넘어가는 경우가 많다.

무능한 학교 영어 교육에 사회 전반적인 영어 우대 현상, 여기에 장사꾼의 머리가 합쳐진 대국민 영어 학습법 사기극이 오늘도 전국에서 펼쳐진다.

평생 수강권을 준다는 인강 업체도 있다

기초 영어를 표방하는 업체들이 많아지면서 업체 간의 광고전도 치열해지고 있다. 이들의 광고 카피를 살펴보는 재미도 쏠쏠하다.

대부분이 '~하지 않아도', '~가 없어도' 같은 문구를 선호한다. "노력은 우리가 할 테니 여러분은 노력하지 않아도 됩니다. 영어, 그렇게 어렵지 않아요. 단어나 문법 실력 없어도 괜찮아요. 정말 쉬워요"와 같은 식이다. 영어에 지친 소비자들이 솔깃할 수 있는 문구이다.

평생 수강권을 준다는 제안을 하기도 한다. 평생이라고? "저희 수업은 아무리 들어도 실력이 늘지 않으니 평생 들어야 합니다" 이런 말인가? 차라리 홈쇼핑 상품처럼 마감 임박을 내세우며 당장 구입하라고 재촉하는 쪽이 더 괜찮아 보인다.

평생 들을 수업이 있으니 든든할지 모르겠다. 하지만 착각하지 말자. 오늘 거금을 주고 일괄 구매한 강의는 앞으로 들어야 할 수업이지 이미 들은 수업이 아니다. 집에 책을 쌓아 놓고 있다고 교양이 늘어나는 건 아니다. 세계 각 지역 요리의 레시피 파일을 갖고 있다고 유능한 셰프가 되는 건 아니듯이 말이다.

평생 수강권? 소비자를 호구로 보지 않고는 나올 수 없는 말이다.

영어 하냐는 질문에 망설임 없이 그렇다고 대답하는 사람이 거의 없다

영어 업체의 광고 카피 중에 정말 말도 안 되는 게 있다. "원어민처럼 할 수 있다", "원어민 수준", "원어민 부럽지 않다"와 같이 원어민을 들먹이는 것이다. 우리는 원어민처럼 못한다. 원어민 수준은 평생 될 수 없다.

원어민 광고를 하도 많이 접하다 보니 황당하게도 원어민이 영어 학습의 목표가 된 것 같다. 원어민처럼 못하면 많이 부족한 실력이라고 생각하니 말이다. 그래서 나오는 현상이 몇 가지 있다. 우리말로 전화 통화를 하다가 말을 못 알아들으면 다시 말해 달라고 얼마든지 요구한다. 그러나 영어로 통화 중에 그런 행동을 하면 '영어 듣기가 안 되는 사람'으로 간주한다. 영어로 대화할 때 곧바로 말이 안 나오고 조금이라도 주저하면 '회화가 안 되는 사람'으로 간주한다.

외국어인 영어에 이렇게 엄격한 기준을 내세우고 완벽함을 요구한다. 모르는 게 하나라도 있으면 영어 실력이 부족하다고 생각한다. 영어가 아닌 다른 외국어도 그럴까? 아마 다른 외국어가 지금 우리들의 영어 실력 정도라면 마구 자랑하고 다닐 것이다. 일본어 꽤 한다고, 프랑스어 꽤 한다고 말이다.

영어를 언어가 아닌 공부의 개념으로 보기에 우리는 "영어 한다"는 말을 쉽사리 못한다. "특기가 영어예요"라고 말할 정도의 실력을 가진 사람들조차도.

쓸데없이 지나치게 중요한 영어

아이 방에는 어김없이 영어 단어 포스터가 붙어 있다. 초등학생이 토플을 공부하는 것이 이제는 놀라운 일도 아니다. 아이의 영어 공부를 위해 가족이 이별하고 아빠가 혼자 산다. 우리가 우리 땅에서 영어 못하는 게 흠이다. 영어를 못하면 놀림거리가 되고, 해외 경험이 있는 연예인이 영어 몇 마디 하면 "와~" 하는 장면이 아직도 방송에 나온다. 영어 하나를 배우기 위해 대학생들은 큰돈을 들여 어학연수를 떠난다. 영어 시험 점수가 대학생의 필수 스펙이 된 지는 한참 됐다. 공무원이 되는 데 영어 점수가 필요하다. 대통령이 해외에 나가 부끄러운 줄도 모르고 영어로 연설하고 그게 멋있다고 착각하기도 했다. 전국적으로 앞다퉈 진행했던 영어 마을 사업도 생각난다. 심지어 영어를 공용어로 하자는 주장도 있었다.

살아 보지는 않았지만 일제 강점기 때 일본어의 위상이 이 정도였을까? 그런 일본어의 위상이 해방 후 영어로 이어졌던 걸까?

영어를 못하면 큰일 날 것처럼 말하는 사람도 있지만, "영어, 어디 쓸 데가 있다고?" 이렇게 생각하는 사람도 많다. 대부분의 사람에게 영어는 어쩌다 가는 해외여행에서 잠시 필요한 도구에 불과할지도 모른다. 사람마다 잘하는 게 다르고 필요한 게 다르다. 영어는 영어가 필요한 사람이 제대로 잘하면 되는 것이다.

영어, 중요하다. 그러나 우리는 지나칠 정도로 중요하게 생각한다.

아직 못다 한 말

1 중학교 때 미군 부대 근처에 살던 친구가 있었다. 이 친구 집에 놀러 가면 동네에서 미군을 흔히 볼 수 있었다. 지금처럼 외국인을 쉽게 보기 힘든 때라 신기하기도 했다. 어느 날 그 미군 중 한 명에게 영어로 인사를 해 봤다. 그 사람을 보며 영어를 써 볼까 말까 주저했던 내 모습. 웃으면서 받아 준 그 사람. 그때 나눴던 짧은 대화. 아직도 모두 기억난다. 영어라는 언어가 주는 순수한 기쁨이었다.

영어로 쓰인 글을 읽고, 미드를 보며 이해하고, 우리말을 못하는 외국인과 영어로 대화하고, 이메일 같은 가벼운 글에서부터 보고서나 논문 같은 어려운 글까지 영어로 적어 보는 것. 이 역시 영어라는 언어가 주는 순수한 기쁨이다.

우리 교육에서 영어는 지식이자 시험 과목이기에 우리는 이런 순수한 기쁨을 누리지 못한다. 문제를 맞혀서 기쁘고, 점수가 잘 나와 기쁘고, 시험에 합격해 기쁘고, 다른 사람보다 점수가 높아 기쁠 뿐이다. 모두 변질된 기쁨이다.

영어는 '의사소통'의 기쁨을 준다. 내가 주는 것을 상대방이 받고, 상대방이 주는 것을 내가 받는 소통이다. 모국어로 하는 우리 사이의 소통에서 한 걸음 더 나아가는 전혀 다른 차원의 소통이다. 영어를 매개체로 외국 사람과 대화하고 외국의 생각과 문화를 배우게 된다. 영어는 세상을 바라보는 눈을 몇 백 배, 몇 천 배 더 넓혀 준다.

영어는 우리에게 자신감을 준다. 상대의 의사를 제대로 이해할 수 있고 내 의사를 제대로 표현할 수 있기에 생기는 자신감이다. 자신감은 한 사람의 인상까지 좌우한다. 영어를 제대로 하면 좋아지는 것들이 꽤 많다.

여러 가지 좋은 점들이 있지만, 영어에 대해 반감이나 두려움을 갖고 있는 사람들에게 영어는 전혀 반가운 존재가 아니다.

인터넷에서 자료를 검색하면서 "영어 사이트가 나오면 안 되는데" 하는 불안감. 실제 영어 사이트가 떴을 때의 황당함. 읽고는 싶지만 엄두가 나지 않아 조용히 뒤로 가기 버튼을 누르고 나가 버릴 때의 무력감. 한글 사이트를 하나 찾았지만, 조금 전 그냥 나와 버렸던 영어 사이트를 번역한 사이트였다는 것을 알았을 때의 허탈함. 거기에 나온 이해 불가의 형편없는 번역을 읽으며 "영어 좀 열심히 할걸" 하는 후회.

영어는 이런 여러 감정을 불러일으키기도 한다. 참 쓸쓸한 기분이 든다.

우리 이제 더 이상 이런 느낌이 들지 않도록 영어를 제대로 공부해 보자. 그리고 우리 아이들도 앞으로 이런 느낌이 들지 않도록 올바른 방향으로 교육을 바꿔 보는 게 어떨까?

아는(know) 영어에서 하는(do) 영어로 바꾸자. **우리에게 필요한 것은 완전하게 아는(know) 영어가 아니라 불완전하게 하는(do) 영어**

이다. 군데군데 허점이 있는 영어가 우리가 지향해야 할 영어이다. 영어는 언어이기에 완벽할 수도 없고 완벽할 필요도 없다. 모국어도 어색하게 하는데 외국어를 하면서 실수 좀 하는 건 대수도 아니다. 다른 나라 말을 할 수 있다는 것 자체만으로 대단한 일이다.

아는(know) 시험 영어는 뒤로 물러나고, 하는(do) 실전 영어가 앞으로 나와야 한다.

2 밤 10시를 조금 넘긴 시간, 서울 지하철 2호선 강남역은 주변 학원에서 수업을 마치고 집에 돌아가는 재수생들로 가득 찬다. 계단을 내려갈 수 없을 정도로 학생들이 많을 때도 있다.

여러 명이 함께 가는 학생들은 지하철 안에서 마구 떠들어댄다. 때로는 너무 시끄러워서 사람들이 쳐다볼 정도이다. 공부하느라 하루 종일 억누르고 있던 것들을 집에 가면서 쏟아낸다. 썸 타는 얘기부터 시작해 학원 선생 흉도 보고 강의를 비교하는 것까지 주제는 다양하다.

반면에 혼자 가는 학생들도 꽤 많다. 이 친구들의 특징은 손에 암기 노트를 하나씩 들고 있다는 것이다. 노트 한 번 보고 천정 한 번 쳐다보며 입으로 중얼중얼 외우는 모습. 자신의 목표를 이루기 위해 집에 가는 그 짧은 시간에도 열심히 노력한다. 기특하면서도 한편으론 짠하다. 다음 날 보는 학원 단어 시험을 잘 보려면 어쩔 수 없다.

그 암기 노트 중 대부분이 영어 단어장이다. 그리고 이런 단어가 주를 이룬다.

ubiquitous   a. 어디에나 있는

carcinogen   n. 발암 물질

deterioration   n. 악화

내가 대학 입시 공부할 때와 하나도 달라지지 않았다. 물론 고등학교를 졸업해도 영어로 자기소개 하나 제대로 못하는 실력인 것도 그때와 달라지지 않았다. 참 안 바뀐다. 저 학생이 나중에 결혼해 아이를 낳으면 그때도 우리의 영어 학습은 이런 모습일까?

곁눈질로 봤던 한 학생의 단어장에 쓰여 있던 저 단어들. 마음 같아서는 "이런 단어보다는 중학교 때 배운 기본 단어들이 훨씬 더 중요해. 이런 단어는 나중에 해도 충분해"라고 말해 주고 싶다. 하지만 그냥 가만히 바라만 본다. 얘기해 봐야 부질없다. "별 이상한 아저씨 다 있네" 할 게 뻔하다. 이 학생에게 중요한 것은 따로 있기 때문이다.

앞에서 소개한 수능 33번 문제를 풀려면 저런 단어를 외워야 한다고들 한다. 하지만 단어 몇 개 안다고 풀 수 있는 문제가 아니다. 답을 찍지 않고는 도저히 풀 수 없는 문제를 출제하고, 그 문제를 풀기 위한 흉내라도 내보려고 학생들에게 저런 단어를 외우도록 시키는 게 우리의 영어 교육이다.

You are old enough to know better.

You have only so many years to live.

이런 간단한 문장도 바로 이해하지 못하는 학생들이 'carcinogen. 발암 물질'을 외운다고 뭐가 달라질까? 곱셈 하나 제대로 못하는 아이에게 미적분 문제를 풀라는 것이나 마찬가지이다.

교육을 그렇게 하게 만드는 여러 요인에 대해 이 책에서 살펴봤다. 영어를 잘하면 경쟁력이 높아진다는 착각. 영어를 순수한 언어가 아닌 지식과 이론의 차원에서 보는 시각. 단순한 기술에 불과한 언어를 가지고 개인의 지적인 능력을 평가하는 제도. 시험 점수를 가지고 서열을 매기고 당락을 결정하려는 무모함. 문제를 읽고(듣고) 펜으로 답을 골라내는 형태로 시험을 치르는 황당함. 당장의 점수만을 위해 단기간 암기를 강요하는 무책임.

영어를 못하면 안 될 것 같은 사회적 분위기. 그러나 아무리 해도 늘지 않는 영어 실력. 여기에 끊임없이 이어지는 여러 종류의 영어 시험. 덕분에 다양한 방법으로 수입을 올리고 있는 각종 영어 교육 사업.

우리가 영어를 못하는 것은 개인의 학습법에 문제가 있기 때문이 아니고 개인이 노력을 게을리해서도 아니다. 우리가 영어를 못하는 것은 영어를 못할 수밖에 없는 구조적인 문제 때문이다. '영어 교육'이라는 이름의 쳇바퀴에 어렸을 때부터 올라타 평생 같은 자리에서 쳇바퀴를 돌리고 있는 다람쥐 꼴이 우리의 모습이다.

사회가 우리를 쳇바퀴에서 내려 주지 않는다면 스스로 내려오려는 노력을 해야 한다. 내려오면 당장은 적응하기 힘들겠지만, 그래도 내려와야 한다. 그 시기는 빠르면 빠를수록 좋다.

3 영어는 꾸준히 공부해야 실력이 는다. 하지만 그 꾸준히 한다는 것이 참 힘들다. 우리 모두 의지가 그렇게 약한 걸까?

대화 하나.
A : 체중을 줄이려면 어떻게 하죠?
B : 식단 조절과 운동을 '꾸준히' 해야 줄어요.
A : 그건 저도 알죠.

대화 둘.
A : 영어 어떻게 해야 늘죠?
B : 매일 '꾸준히' 해야 늘어요.
A : 그건 저도 알죠.

"그건 저도 알죠" — 영어 학습법에 대한 상담을 하다 보면 참 많이 듣는 말이다.

"알지만 할 수 없다", "알지만 안 할 거다", "알지만 하기 싫다", "알지만 엄두가 안 난다" 같은 느낌을 주는 말이다. 그렇다. 알고 있다. 어떤 것이 옳고 최선인지는 우리가 대부분 알고 있다. 단지 행동으로 옮기지 않을(못할) 뿐이다.

영어를 꾸준히 못하는(안 하는) 이유는 뭘까?
하기 싫은 것은 빨리 해치우고 싶어하는 게 보통이다. 하기 싫은 것을 '꾸준히' 할 수는 없다. 그건 자기 학대이다. 영어를 제대로 하려면 꾸준히 해야 하는데, 그 하기 싫은 것을 꾸준히 할 엄두가 나지 않는다. 그래서 빨리 끝낼 수 있는 방법이 있지 않을까 찾아본다. 그런 방법은 없다는 것을 알면서도, 마음 한 구석에서는 다른 사람은 아는데 자신만 모르고 있다고 생각하기도 한다. 그래서 우리는 지름길을 찾는 작업을 포기하지 않는다.

"그건 저도 알죠"

=

"꾸준히 말고 빨리 끝내는 방법을 알려 줘"

영어가 싫기 때문에 우리는 영어를 빨리 끝내고 싶어한다. 영어를 꾸준히 한다는 건 상상하기도 싫다. 이런 우리를 이런저런 광고들이 유혹한다.

헬스장에 가 보면 몇 달 만에 환상적인 몸매로 바뀐 사람들의 사진이 크게 붙어 있다. 비교되는 두 사진 속 인물이 완전히 다른 사람 같아서 물어보면 "그렇게 몰라볼 정도로 바뀐 겁니다"라고 답한다. 황당하다. 영어 학습 사이트도 하나 다를 바 없다. 시험 점수가 몇 달 만에 몇 점에서 몇 점으로 올랐다고 하는 사람들의 인터뷰는 영어 업체 사이트에서는 거의 필수적으로 올려져 있다.

우리의 영어 학습법, 교재, 강좌는 '빨리' 끝낼 수 있다는 점을 강조한다. 광고 문구를 보면 숫자가 거의 대부분 들어가 있다. '몇 개월'만 투자하면 영어 뉴스를 이해하고, 영화나 미드가 들리기 시작하고, '몇 천 개'의 단어를 암기할 수 있다고 주장한다.

열심히 하면 몇 개월 만에도 실력은 달라질 수 있다. 그러나 뉴스를 이해하고 영화를 감상할 수 있을 정도까지 된다는 주장은 믿기 힘들다. 영어만 10년째 해 온 열 살 원어민 아이도 잘 이해하지 못하는 뉴스나 영화를 몇 개월 만에 우리가 이해한다? 정말 대단한 학습법이다.

물론 영어를 빨리 끝낼 수도 있다. 단, 빨리 끝내고 싶으면 기대 수준을 낮춰야 한다.

해외여행 가서 쇼핑할 수 있을 정도의 실력으로 기대 수준을 낮추면 된다. 그 정도는 표현이나 문장 몇 개를 암기하는 정도로 가능하다. 물론 암기한 것은 시간이 지나면 잊는다는 단점이 있다. 잊어버리면 그때마다 계속 암기를 해서 이어 나가면 된다.

그러나 우리 대부분이 원하는 영어 실력은 단답형 대화가 주를 이루는 쇼핑 영어 정도가 아니다. 영어 가지고 쇼핑 이상의 것을 하고 싶은 것이 일반적인 생각이다.

일상 영어에서 벗어나 전문 분야의 의사소통이 가능한 영어. 회사에서는 영어로 보고서를 작성하고 발표(PT)를 진행할 수 있는 실력. 해외 출장 가서 상대를 설득시키고 올 수 있는 능력. 외국 유학 생활에 큰 어려움 없는 실력. 영어로 된 영화나 드라마, 뉴스를 (완벽하지는 않아도) 자막 없이 충분히 이해할 수 있는 실력.

잘한다는 소리를 들을 정도의 실력이라고 앞에 소개했던 내용이다. 이 정도는 하고 싶은 것이 보통이다. 그런데 이 정도는 암기로 가능한 수준이 아니기에 결코 하루아침에 될 수 없다.

이 정도 하려면 정말 꾸준히 해야 한다. 그러나 꾸준히 할 수가 없다. 꾸준히 할 정도로 영어를 좋아하지 않기 때문이다. 좋아하는 그 무엇도 성과가 금방 안 보이면 계속하기 힘든 것이 보통이다. 그런데 싫어하는 것을 성과도 금방 나타나지 않는데 꾸준히 한다는 건 보통 사람에게는 불가능한 일이다. 조금 해 보다가 "에이! 못 해 먹겠네!" 하고 중간에 그만두는 이유가 대부분 이 때문이다.

영어가 재미있어서 영어를 좋아한다면 꾸준히 할 수 있지만, 우리는 영어를 싫어한다. 영어에 대한 좋은 기억이 없다. 왜 하는지, 어떻게 하는지, 얼마나 해야 하는지도 모른 채 맹목적으로 교실에서 '암기 – 시험 – 평가 – 암기 – 시험 – 평가'라는 이름의 다람쥐 쳇바퀴를 탄 기억밖에 없다.

영어가 중요하다고 온 세상이 떠들어댄다. 그런데 정작 우리 영어교육은 학생들 마음속에 '영어 혐오', '영어 기피'만 새겨 놓았다. 한 번 싫어했던 것을 다시 좋아하기는 쉽지 않다. 영어에 정을 붙여야 뭘 해도 해 볼 텐데 그 자체가 힘든 걸 어쩌겠나?

시험 문제를 어렵게 내고 수업 시간을 늘린다고 학생들의 영어 실력이 오르는 게 아니다. 학생들이 영어에 정을 붙이게 해 주자. 정을 붙일 수 있는 환경은 그럴 의지만 있으면 얼마든지 만들 수 있다. '지식 – 시험 – 평가 – 등수 – 합격 – 실패' 같은 요소를 제거하면 그런 환경 조성은 얼마든지 가능하다.

이제는 학생들이 웃는 얼굴로 영어를 배웠으면 정말 좋겠다. 웃음이 나오면 영어를 '꾸준히' 할 수 있다.

책 시작 부분에 썼던 내 소망을 다시 적으며 책을 끝내려 한다.

영어 강사로 살아온 사람으로서 소망이 있다.

영어가 싫은 사람은 영어를 하지 않아도 괜찮은 세상이면 좋겠다
영어 좋아하는 사람은 부담 없이 배울 수 있는 세상이면 좋겠다

시험을 통해 영어를 잘하게 만들겠다는 생각은 이제 접자. 영어 실력을 늘리는 것은 어차피 본인의 몫이다. 잘하게 만들려고 하지 말고 좋아하게 만들면 된다. 싫어하면 잘할 수가 없다. 좋아하면 잘할 수밖에 없다.

감사의 글

이 책의 내용은 제 수업을 듣는 수강생들과 이미 여러 해 동안 수업 중에 나눠 온 얘기입니다. 출간을 통해 강의실 밖 사람들과 함께하고 싶다는 생각을 아주 오래 전부터 했습니다. 그러나 제 주장을 어떻게 풀어갈지 너무 난감했습니다. 수업 경험과 상담 사례가 더 쌓이면 책을 써 보자고 생각하며 계속 출간을 미뤘습니다. 실제 원고 작업은 여섯 달이 걸렸지만, 원고 완성에는 거의 20년이 걸린 책입니다.

원고 내용에 공감하고 곧바로 출간을 결정한 넥서스 출판사에 감사드립니다. 거칠기만 했던 원고를 전문가의 손길로 다듬어 세련된 한 권의 책으로 완성해 주신 강현녕 팀장님과 넥서스 편집부 여러분께 특히 감사드립니다. 책의 완성까지 함께했던 작업, 참 즐거웠습니다.

영어는 언어라는 사실을 깨닫게 해 주고 실질적인 실력 향상에도 큰 도움을 줬던 대학원 동기들. 책에도 적었지만 선생님 같은 존재였습니다. 그 친구들은 제가 이렇게 생각하고 살아왔는지 모릅니다. 이 자리를 빌려 감사의 마음을 전합니다.

수업을 통해 만난 많은 분들을 빼놓을 수 없습니다. 이 책이 나올 수 있도록 실질적인 도움과 격려, 자극을 주신 분들입니다. 수업을 준비해 선보이는 과정이 저에게는 커다란 즐거움입니다. 그 과정에서 매번 새로운 것을 배웁니다. 시험 영어의 파도 속에서 이리저리 흔들리고 있지만 우리 수업은 계속 갈 것입니다. 늘 감사드립니다.

제가 운영하고 있는 네이버 카페의 회원분들도 있습니다. 이번 출간 과정에서 보여 주신 관심은 감동이었습니다. 카페에 공개한 원고의 일부를 보고 많은 분들이 의견을 주셨고, 제목 공모 이벤트에도 다양한 아이디어가 나왔습니다. 여러분 덕분에 외롭지 않게 원고 작업을 끝낼 수 있었습니다. 감사합니다.

가족들에게 감사드립니다. 지금은 하늘나라에서 저를 보고 계실 할머니 박노적 님과 아버지 오수영 님. 제가 철없을 때 모습만 보고 가셨기에 늘 너무 아쉬워요. 저 잘하고 있으니 걱정 마세요. 저를 낳아 주신 태길자 님. 오랜 세월 고생하시면서 지금의 저를 만들어 주셨어요. 이제는 정말 건강 잘 챙기셔야 합니다. 제 아내를 낳아 주신 강보석 님과 김현숙 님. 저를 친자식처럼 사랑해 주시는 두 분의 모습은 늘 감동입니다. 장인어른의 커피와 장모님의 음식에 늘 감탄합니다. 그리고 항상 같은 자리에서 서로를 배려해 주는 나머지 우리 가족들 — 매형, 누님, 동생, 제수씨, 처남, 처남댁, 그리고 조카들. 모두 모두 감사합니다.

2017년은 저에게 '딸'이라는 최고의 선물이 찾아온 한 해입니다. 출산과 육아를 지켜보며 엄마의 희생과 위대함을 제대로 알게 됐습니다. 두 사람은 저를 항상 웃게 만듭니다. 두 사람은 앞으로 제가 열심히 살아야 하는 가장 커다란 이유입니다. 너무나 고마운 두 사람입니다. (사랑해)

이 책이 세상에 나와서 너무 좋습니다.